Oswald Chambers

토기장이

"우리는 진흙이요 주는 토기장이시니
우리는 다 주의 손으로 지으신 것이라"(이사야 64:8)

오스왈드 챔버스 하나님의 사랑

The Love of God

Combined volume copyright © 1965,
Oswald Chambers Publications Association
Published previously as individual booklets,
the following titles were combined
and published in a single volume in 1965.
The love of God 1938, The Ministry of the Unnoticed 1936
The Message of Invincible Consolation 1931
The Making of a Christian 1918, 1935, Now Is It Possible 1923, 1934
The Graciousness of Uncertainty 1938

All rights reserved
Published by special arrangement with Discovery House Publishers,
3000 Kraft Avenue SE, Grand Rapids, Michigan 49512 USA.

Korean translation copyright © 2010 by Togijangi Publishing House
Togijangi B/D, 26, Mangwonro, Mapogu 04007, Seoul, Korea

This Korean edition is published by arrangement with Discovery House Publishers
(3000 Kraft Avenue SE, Grand Rapids, Michigan 49512 USA.)

본 저작물의 한국어판 저작권은 Discovery House Publishers 와의 독점 계약으로 한국어 판권을 '도서출판 토기장이'가 소유합니다. 저작권법에 의하여 한국 내에서 보호를 받는 저작물이므로 무단 전재와 무단 복제를 금합니다

특별한 표기가 없는 모든 성경 구절은 개역개정성경을 인용한 것입니다.

오스왈드 챔버스 하나님의 사랑

오스왈드 챔버스 지음 • 스데반 황 옮김

토기장이

차례

1장 :: 하나님은 사랑이시라 • 7
2장 :: 하나님의 사랑 가운데 머물라 • 19
3장 :: 하나님이 사랑이시라면 왜? • 27
4장 :: 눈에 띄지 않는 사람들의 사역 • 43
5장 :: 당신은 낮아질 수 있는가? • 61
6장 :: 주님을 따르기 위한 헌신 • 73
7장 :: 사라질 수 없는 위로의 메시지 • 91
8장 :: 하나님의 일꾼과 처한 상황 그대로 • 107
9장 :: 그리스도인 만들기 • 121
10장 :: 이제는 가능한가? • 157
11장 :: 갈 바를 알지 못하나 나아갈 수 있는가? • 169
12장 :: 예수님과 계속 동행하는가? • 179
13장 :: 불확실한 미래로 인한 은혜로움 • 189

역자 후기

1장·
하나님은 사랑이시라

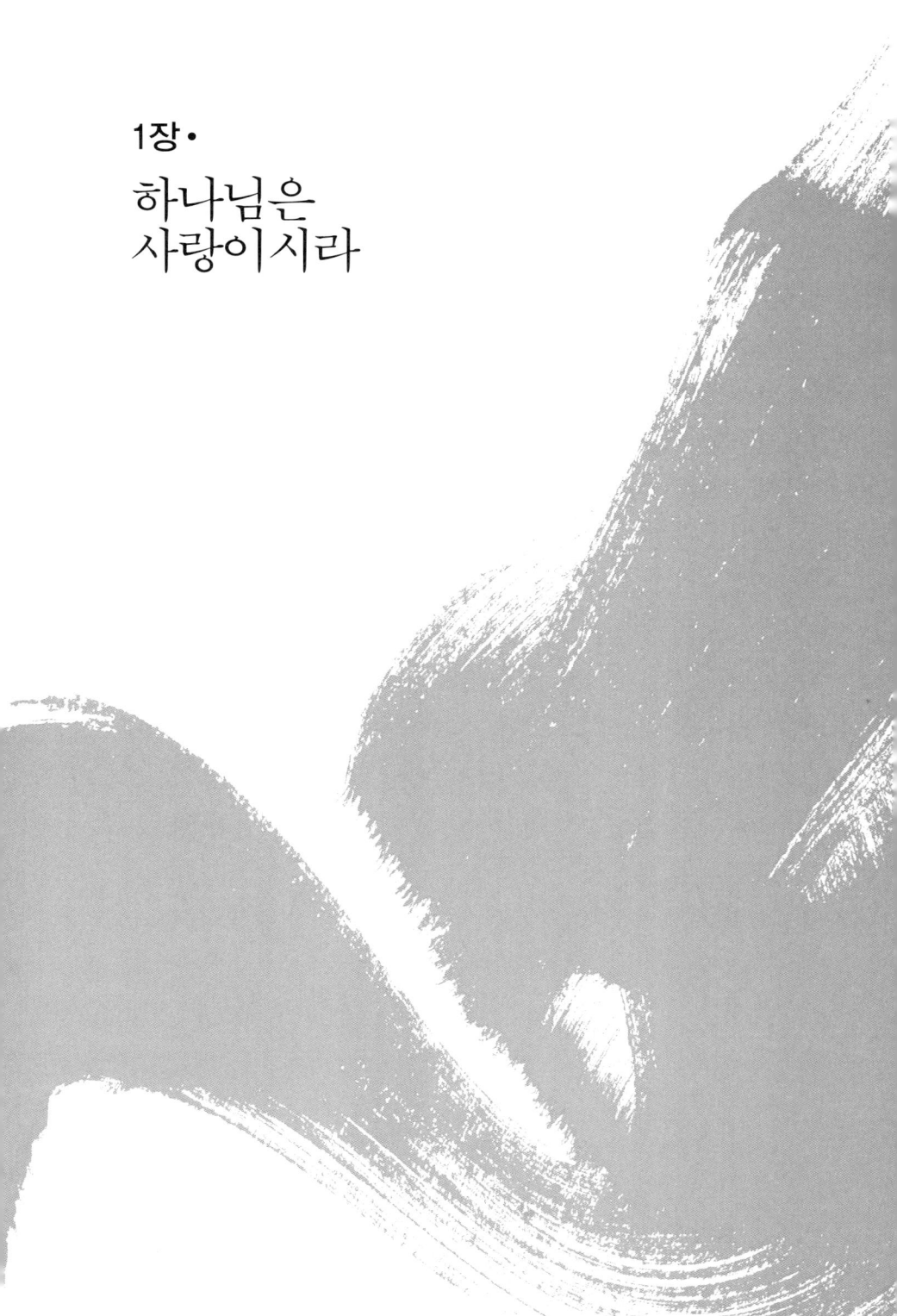

"하나님은 사랑이심이라"요일 4:8.

하나님은 사랑이시다. 오직 하나님만이 사람들에게 '하나님의 사랑'을 나타내실 수 있다. 그러나 우리는 이 세상에서 하나님의 사랑을 제한적으로 체험하면서 단지 '하나님의 사랑'의 모순을 볼 뿐이다. 만일 어떤 사람이 "하나님은 사랑이시라"고 선포한다면 이 땅에 사는 많은 사람들이 배를 잡고 비웃을 것이 뻔하다. 망가지고 부서져 절망에 빠진 인생들은 이 세상에 사람들이 살기보다는 악마들이 살고 있다고 느끼기에 그러한 선포가 어불성설이라고 생각할 것이다. 지식적으로 얄팍한 교양을 가진 육에 속한 사람들은 이 세상에 널려 있는 살인, 전쟁, 정욕, 질병 및 모든 이기적인 잔인함을 보며 "하나님은 사랑이시라"고 말하는 우리를 얼빠진 몽상가쯤으로 여긴다. 그러나 아브라함과 같은 믿음을 가진 고결한 사람들은 보이지 않고 분명히 이해할 수 없는 하나님을 믿으며 하나님께 그들의 삶을 의탁하고 확신있게 "하나님은 사랑이시라"고 고백한다. 그들은 "비록 그분이 나를 죽이실지라도, 나는 그분을 신뢰하리라"욥 13:15 참조고 외친다. 하나님께서는 이러한 믿음을 보시며 그 사람의 의로 여기신다.

당신의 삶에 하나님의 은혜가 어떠했는지 인생을 돌아보라. 그러면 한 가지가 분명하고 확실하게 드러나는데, 바로 "하나님은 사랑이시라"는 진리이다. 하나님의 사랑에 대한 당신의 믿음에 구름이 끼었더라도, 많은 고통과 어려움을 겪으면서 그분의 사랑을 말하고 싶지 않을 때라도, 그럼에도 가장 뚜렷하게 당신의 삶 가운데 끊임없이 드러나는 증거는 하나님은 사랑이시라는 것이다. 우리의 미래에 역경과 어려움이 있다고 해도 조금도 두려워하지 말자. 사람들에 대한 믿음이나 이 세상의 다른 어떤 것에 대한 믿음을 잃을지라도 하나님은 사랑이시라는 믿음만은 잃지 말자. 어둠의 시간 속에서도 당신의 마음에 이 귀한 진리를 속삭이라. 아무도 없는 곳에 고립되어도, 대도시에 머물게 되어도 이 진리를 마음속에 믿으며 살라. 주의 사랑으로 인해 아름다워지고 연단된 행복한 삶을 통해 이 진리를 선포하라. 따로 구별된 시간에 평강과 기쁨의 순간을 누리며 하나님의 사랑을 노래하라. 당신 주변에 있는 모든 사람들이 '소망을 가지고 더 이상 두려워하지 않을 때까지' 이 진리를 노래하라. "하나님은 사랑이시라."

세상은 당신이 이 진리를 노래하는 것을 금하겠지만, 하나님은 원하신다. 노래는 마음의 짐이 사라질 때 저절로 나오는 것이다. 저절로 터지는 사랑의 노래를 부르라. 시간이 주어진 이 세상에서 가장 위대하고 웅장한 진리인 "하나님은 사랑이시라"는 이 진리를 깨달을 때까지 더욱 더 힘차게 노래하라. "하나님은 사랑이시라."

 귀한 말들과 감정이 우리에게 잠깐 영향을 나타낼 수는 있어도 결국 다 사라진다. 그래서 따분하고 지겨운 시간들이 다시 찾아온다. 그러면 우리 마음에는 단순한 감정이나 감상보다 더 확실하고 영구한 것이 필요하다. 이러할 때 우리에게 필요한 계시가 있으니, 그것은 "하나님은 사랑이시라"는 진리이다. '하나님은 나를 사랑하신다'는 감상보다는 '하나님은 사랑이시다'라는 영원한 사실을 기억하라. 하나님과 사랑은 동의어이다. 사랑은 하나님의 속성이라기보다 하나님 그분 자체가 사랑이시다. 따라서 하나님의 모든 속성은 사랑의 속성이기도 하다. 만일 당신의 사랑에 대한 개념이 공의와 심판과 청결과 거룩을 포함하고 있지 않다면 그 개념은 잘못된 것이다. 당신의 머릿속에서 사랑이라고 생각하는 것은 사실은 사랑이 아니라 단지 애매모호한 지독한 어리석음이며, 모든 눈물과 달콤함이 섞인 한없는 연약함일 뿐이다.

하나님은 본질적으로 사랑이시다

 매우 뛰어난 사람들 중에는 성경이 아닌 다른 곳에서 하나님에 대한 개념을 이끌어 내는 사람들이 있다. 그러나 하나님에 대해 내가 아는 모든 것은 성경으로부터 배운 것이다. 나를 가르친 사람들도 성경으로부터 하나님에 대한 개념을 가르쳤다. 나는 꿈 속에서, 상상 속에서, 환상 속에서 하나님을 본다. 그러나 내가 보는 하나님은 성경의 하나님이다. 나는 하나님께서 내 곁에 계신 것을 느낀다. 나는 섭리와 은혜와 창조의 신비 가운데서 하나님의 얼굴과 손을 본다. 나는 죄로 망가진 내 자신의 어리석은 지능으로 하나님을 헛되게 상상하도록 내버려 두지 않으시고 가장 확실하게 알 수 있는 방법을 주신 하나님을 사랑하는 법을 배워왔다.

• 창조에서: 하나님의 사랑은 우리에게 자연을 보는 새로운 방법을 보여준다. 주의 음성은 회전하는 공기 가운데 들린다. 우리는 떠오르는 태양 속에서 주님을 보며 해가 질 때는 주의 아름다움을 느낀다. 새들의 지저귀는 노래와 사랑하는 사람들의 마음속은 하나님의 음성으로 가득하다. 만유에 어디서나 하나님의 음성이 들린다. 우리의 귀는 별들이 노래하는 소리를 듣고, 하늘의 천군 천사들의 찬양 소리가 영원한 불멸의 언덕에서부터 끝없이 들려온다.

• 주님의 지혜 가운데: 하나님은 자기의 독자적인 생각을 만족시키시려고 사람이라는 꼭두각시를 만드신 것이 아니다. 주의 흘러넘치는 사랑과 풍성하신 선하심 가운데 우리를 창조하셨다. 주님은 우리를 창조하시고 우리가 주께서 우리를 위해 계획하신 모든 축복을 받도록 하셨다. 주님은 주의 위대한 마음 가운데 우리를 '생각'하시

고 황홀에 젖으셨다. 그래서 우리가 존재하게 된 것이다! 우리는 하나님의 형상에 따라 창조되었으며, 악함이 전혀 없는 가운데 하나님으로부터 위대한 재능들을 지니고 창조되었다.

• 주님의 능력 가운데: 온 세상은 생물이든 무생물이든 오직 주님의 헤아릴 수 없는 위대한 뜻에 따라 움직인다. 또한 주어진 위치에서 궤도를 따라 움직이는 모든 우주의 별들과 혹성들, 그리고 위성들까지 하나님의 뜻에 순종한다.

> 그렇다. 하나님은 이 땅에서나 하늘에서나 선하시다.
> 바다 깊은 곳에서, 푸르고 풍성한 산림 가운데서,
> 수천의 음성들이 소리 지른다.
> '하나님께서 우리 모두를 지으셨으니,
> 하나님은 선하시다.'

• 주님의 거룩하심 가운데: 하나님은 사람과 동행하시며 사람과 대화를 나누신다. 주님은 사람에게 주의 생각을 알려 주시며 사람을 위해 예비하신 참된 행복을 누릴 수 있는 길을 보여주신다. 주님은 온 마음을 다하여 주님의 자녀를 사랑하시며 가장 기뻐하신다. 주님은 사람에게 아무것도 감추지 않으시고 전부 알려주시며 사람을 사랑하셨다. 오, 하나님 아버지께서 자녀인 사람에게 가지셨던 그 기쁨

과 황홀함이 얼마나 컸던지!

• 주님의 공의 가운데: 하나님은 사람에게 주의 말씀에 순종하는 것이 영원한 지복이요 말로 다할 수 없는 기쁨이며 생명과 영원한 지식을 얻는 길임을 보여주셨다. 반면 주의 말씀에 순종하지 않을 때는 하나님과 함께하는 생명을 잃는 것이며 그것은 영원한 죽음을 의미한다고 알려 주셨다.

이것이 세상이 창조될 때 나타났던 하나님의 사랑의 모습이었다. 새벽 별들이 함께 노래하고 모든 피조물이 기뻐 뛰었다. 그러나 불순종, 교만, 이기심의 그 거칠고 황폐한 죄가 들어오더니 하나님과 주의 자녀들 사이에 커다란 심연을 만들었다. 그러나 언제나 그러한 것처럼, 사랑은 길을 찾아내었다. 하나님께서 우리를 위하여 우리에게 오셨다. 오늘날 우리는 고통으로 연단된 마음 가운데, 가장 진실하고 신선한 깊은 존경심을 가지고 떨리는 입술과 반짝이는 눈으로, 우리 마음속 깊은 곳에서 느끼는 강한 사랑을 고백한다. 하나님은 사랑이시라.

만일 하나님께서 그분의 자연 속에서 그토록 영광스러운 사랑을 보여주신다면, 우리는 베푸신 주의 은혜의 영광에 어떤 말을 해야 할까? 죄가 이 세상에 들어오지 않았다면 하나님은 이 땅에서 걸으셨을 것이 분명하다. 하나님께서는 죄가 세상에 들어왔어도 그분의 은혜 가운데 사람과 교제하시기 위해 이 땅에 오셔서 걸으셨고 자신을 계시하셨다. 그렇다! 죄는 주님의 오심을 막지 못했다. 그러나 사람들은 죄로 인하여 눈이 어두워져서 주님을 보지 못하고 알지도 못했다. 그럼에도 주님은 죄의 장막을 뚫고 우리를 위해 하나님의 나라에 돌아갈 수 있는 길을 열어 놓으셨다.

하나님의 독생하신 아들을 은혜로 주심

하나님의 독생하신 아들을 우리에게 선물로 주신 것은 분명히 가장 놀라운 하나님의 사랑을 나타낸다. "자기 아들을 아끼지 아니하시고"롬 8:32라는 말씀은 사람이 아무리 부패하였어도 문제가 되지 않는다는 것을 보여준다. 만일 누구든지 눈을 들어 십자가를 바라본다면 구원을 얻을 것이다. 그러나 사람들은 죄로 인하여 너무나 눈이 멀고 어리석고 우둔해져서 그리스도의 생애에서 아무것도 보지 못한다. 그들은 그리스도에게서 단지 아름답고 멋진 삶을 살았지만 오해를 받아서 고생하다가 순교 당한 성인만 발견한다. 이러한 어리석음을 해결하기 위해 사랑 자체이신 주님께서는 또 다른 선물을 준비하셨다. 바로 성령을 선물로 주신 것이다.

성령을 선물로 주심

성령께서 역사 가운데 오셨던 그리스도께 빛을 비추시면 그리스도의 모든 어두운 외형은 영광스러운 찬란함과 형형색색의 아름다움으로 소생한다. 이때 사람들은 그리스도를 보고 놀라며 외친다.

"나의 주 나의 하나님이시다." 성령께서 당신의 영혼과 마음속에서 주의 은혜로운 역사를 시작하시면 당신에게는 전율할 정도의 변화가 나타나는데, 당신의 눈은 새로운 빛이 십자가에 비치는 것을 보면서 그 십자가의 주님이 '순교자'가 아닌 이 세상의 구원자이심을 보게 된다.

> "그는 실로 우리의 질고를 지고 우리의 슬픔을 당하였거늘 우리는 생각하기를 그는 징벌을 받아 하나님께 맞으며 고난을 당한다 하였노라 그가 찔림은 우리의 허물 때문이요 그가 상함은 우리의 죄악 때문이라 그가 징계를 받으므로 우리는 평화를 누리고 그가 채찍에 맞으므로 우리는 나음을 받았도다"사 53:4-5.

아무런 도움이 없이 인간의 지능만으로 하나님은 사랑이시라는 진리를 찾아내는 것은 불가능하다. 그러나 믿음의 통찰력으로 그 진리를 찾아낼 수 있다. 당신의 눈을 들어 전 세계를 보라. 선악 간에 세상을 다스리시는 하나님의 경영을 보면서, 당신은 하나님은 사랑이심을 분별하기 시작할 것이다. 즉, 죄와 전쟁과 죽음과 지옥을 다스리시는 지극히 높으신 하나님께서 그 와중에서도 주의 목적들을 신속하게 완성해 나가시는 것을 보면 우리는 '하나님은 사랑'이심을 알게 된다. 우리는 우리가 주지하는 모든 것들에 대해 거룩하게 심사숙고함으로써 하나님의 사랑 안에 머물러야 한다. 그러면 우리가

장시간 낙망하는 일은 없을 것이다. 하나님의 사랑은 은혜를 모르는 인간의 마음속에서 은혜의 기적을 일으킨다. 인간들의 사랑과 여러 차원 낮은 사랑들은 가장 영광스럽고 고상한 사랑인 하나님의 사랑에 흡수되어야 한다. 그렇게 되면 우리는 다른 사람들의 연약함을 보게 될 뿐 아니라 서로에게 있는 최고의 가능성들을 보게 될 것이다. 그래서 하나님께서 우리를 창조하신 목적대로 서로 사랑하게 될 것이다. 하나님의 사랑이 극복할 수 없는 어려움은 없다. 하나님의 사랑이 극복할 수 없는 죄는 없다. 주께서 성공으로 바꾸어 낼 수 없는 실패는 없다.

하나님은 사랑이시다. 이 짧은 문구는 당신의 반지에 새겨 넣을 수 있을 정도이다. 그런데 이것이 복음이다. 이제 때가 차면 하나님이 온 우주를 다스리시며 온 세상은 그분이 사랑이심을 알게 될 날이 올 것이다. 그때가 되면 마침내 천국과 지옥, 삶과 죽음, 죄와 구원에 대해 다 깨닫게 되고 이해 하게 될 것이다.

하나님은 사랑이시다. 이는 가장 복잡하고 난해한 진리로서 눈물과 회개, 기도와 기쁨, 소망과 믿음을 통하여 서서히 풀릴 수밖에 없는, 그리고 마침내 죽음을 통하여 깨닫게 되는 복음이다.

2장 •
하나님의 사랑 가운데 머물라

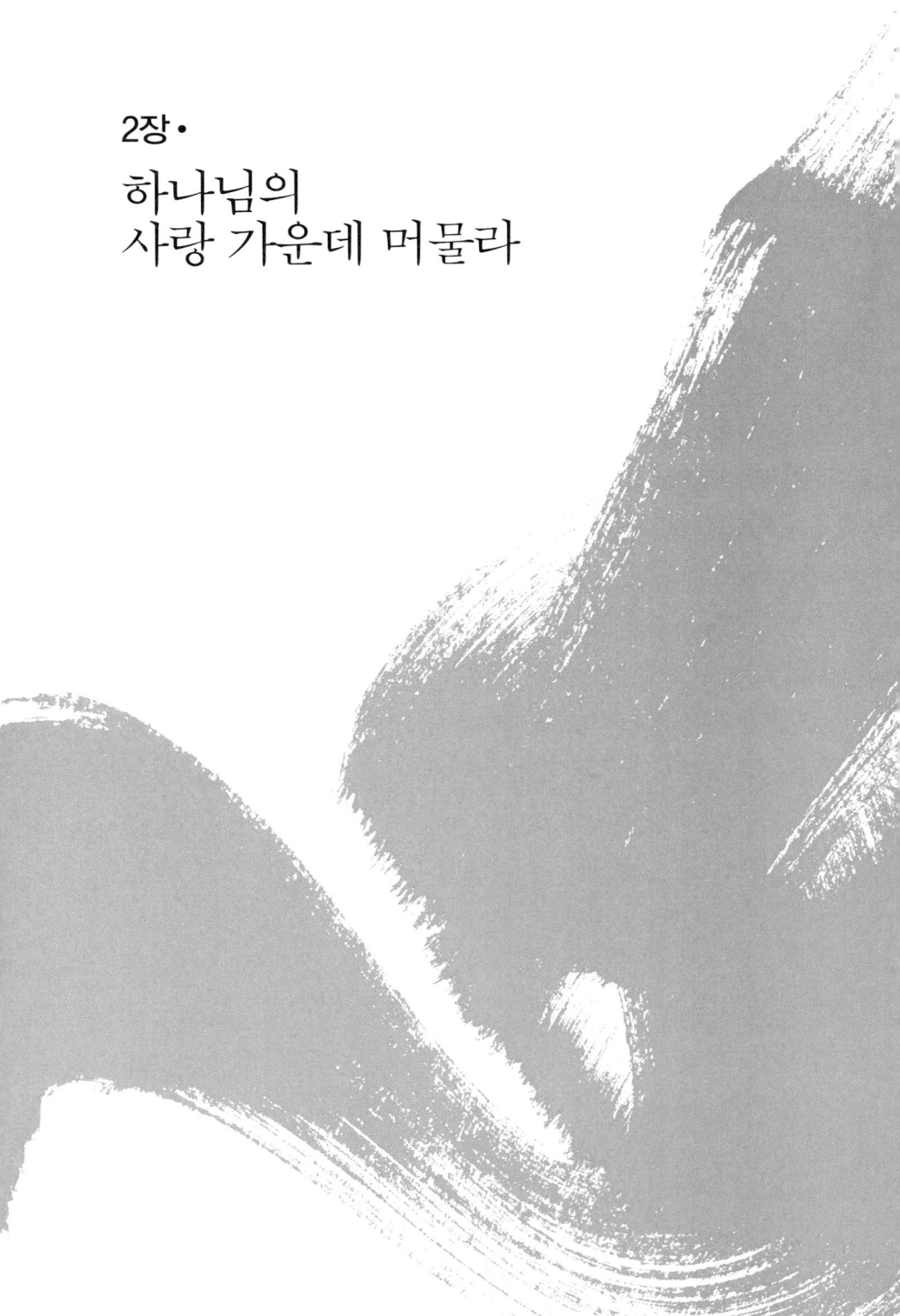

    하나님의 사랑! 오늘날 우리는 이 진리를 잃었다. 우리는 사랑의 대양에 등을 돌렸으며, 대양의 충만함 대신에 메마르고 황량한 언덕을 바라본다. 우리는 다시 몸을 돌려 대양을 바라보아야 한다. 끝없이 깊고 넓은 대양 위로 반짝거리는 파도와 잔물결들이 있다. 오늘날 우리는 지나치게 자기 성찰적이다. 우리는 감정의 파도에 따라 슬퍼하다가 갑자기 놀라 기뻐하면서 하나님을 사랑한다고 말한다. 그러나 어느새 뜨거운 감정이 썰물처럼 빠져 나가면 다시 신음하며 슬퍼한다. 기독교는 시대와 계절에 관한 것이 아니라 하나님과 믿음에 관한 것이다. 하나님의 사랑을 깊게 마시고 충만해지면 사람들이 주기에 불가능한 사랑을 그들에게 요구하지 않게 될 것이다. 그러할 때 아내, 남편, 자녀, 친구를 향한 우리의 사랑이 더욱 거룩하고 건강하게, 진실하고 위대하게 깊어갈 것이다.

    "하나님의 사랑 안에서 자신을 지키며 영생에 이르도록 우리 주 예수 그리스도의 긍휼을 기다리라"유 21절.

우리가 영광스러운 위 구절의 권면을 대하기 전에 먼저 고려할 것이 있다. 하나님의 사랑은 지적으로 깨달을 수 있는 것이 아니라는 사실이다. 하나님의 사랑은 영적 계시이다. 우리의 삶이 안정되지 못하고 위아래로 요동하는 이유는, 우리가 삶을 믿음 위에 세우지 못하고 감정 위에 세우기 때문이다. 또한 우리의 믿음을 그리스도의 완성된 사역이 아니라 자신의 수고와 노력과 체험 위에 세우기 때문이다.

거룩한 믿음 위에 자신을 세우라

"사랑하는 자들아 너희는 너희의 지극히 거룩한 믿음 위에 자신을 세우며"유 20절.

당신은 매일 위 구절대로 행하는가? 가정 예배를 드리는가? 개인적인 경건의 시간을 갖는가? 힘써 성경을 읽는가? 이러한 질문에 "네"라고 대답할 수 있겠는가? 아니면 당신의 마음을 하나님께 드리는 것이 부담이 되어 "아닌데요"라고 말하게 되는가? 가정 예배를 드린 적이 너무나 오래되어 기억도 나지 않는가? 당신은 부모님들이 기도하던 모습과 죄와 의와 미래의 심판에 대하여 말하던 모습을 기억할 것이다. 그러나 지금 당신은 신경 쓸 것이 너무나 많다.

당신은 자연스럽게 세상 이치에 더욱 밝아져서 신앙의 기초들을 흔드는 여러 회의적인 책과 의심을 불러일으키는 논쟁적인 책을 읽는다. 이러한 것들이 어느새 당신의 마음속에 슬며시 들어와 있다면 당장 회개하고 우리의 가장 거룩한 믿음을 어떤 기초 위에 세워야 하는지를 고려하자. 그 기초는 "하나님이 세상을 이처럼 사랑하사 독생자를 주셨으니 이는 그를 믿는 자마다 멸망하지 않고 영생을 얻게 하려 하심이라"요 3:16는 진리이다. 우리 함께 하나님의 무너진 심령이 있는 십자가로 나아가자. 그곳은 우리의 죄를 위한 화목 제물이신 예수님이 계신 곳이다. 우리의 믿음을 야금야금 무너뜨리는 책들을 멀리 집어 던지자. 우리의 인생을 죄로 물들게 하는 모든 세상적 관심들과 대인 관계를 잘라내자. 오직 주님만 바라보면서 우리의 가장 거룩한 믿음을 세워나가자.

성령 안에서 기도하라

"성령으로 기도하며"유 20절.

믿음의 기초를 놓은 후에 다음 단계는 기도이다. 올바른 기도를 드리는 것보다 더 어려운 것은 없다. 당신은 가슴이 뜨겁도록 하나님의 종들을 위해 기도하는가? 당신의 사역자가 신령한 불로 타오르도록 그를 위해 간구하는가? 당신은 매주일 영혼들이 하나님께 회심하도록 기도하는가? 당신은 성령을 구해 본 적이 있는가? 우리 자신이 하나님의 사랑 가운데 계속 거하려면, 우리의 가장 거룩한 믿음 위에 자신을 세우고 성령으로 기도하는 것 외에 다른 방법이 없다. 만일 자신의 도덕성을 믿고 자기 무기로 하나님의 영적 전쟁을 치르려 한다면 우리는 반드시 실패하여 비참하게 될 것이다. 그러나 만일 성령 안에서 기도함으로써 하나님을 향한 분명한 믿음의 영적 무기를 사용하고 예수 그리스도와의 진실한 관계를 유지한다면 우리는 결코 실패하지 않을 것이다.

하나님의 사랑 안에서 자신을 지키라

"하나님의 사랑 안에서 자신을 지키며" 유 21절.

우리는 건강을 유지하는 법, 지식을 얻는 법 등에 대해 잘 알고 있다. 하지만 하나님의 사랑 가운데 자신을 지키라는 것은 매우 큰 명령이다. 우리는 위의 유다의 권면이 무엇을 의미하는지를 알기 위해 연구를 해야 한다. 먼저 이 내용은 모든 엄중함과 신중함을 배제하는 안일한 내용이 아니다. 요즘 사람들은 안일한 생각에 빠져서 폭넓은 박애주의 사상 가운데 "하나님은 사랑이시라"고 말한다. 그들은 "하늘의 하나님은 사랑이시니 세상 일들이 다 잘될 것이다"라고 말한다. 그렇지 않다! 하나님의 사랑을 그렇게 안일하게 생각해서는 안 된다.

그렇지 않다면 우리에게 무엇을 하라고 알려주는, 성령으로 감동된 성경 저자가 필요 없었을 것이다. 더욱이 유다는 매우 끔찍한 경고를 선포하고 있다.

> "사랑하는 자들아 너희는 우리 주 예수 그리스도의 사도들이 미리 한 말을 기억하라 그들이 너희에게 말하기를 마지막 때에 자기의 경건하지 않은 정욕대로 행하며 조롱하는 자들이 있으리라 하였나니 이 사람들은 분열을 일으키는 자며 육에 속한 자며 성령이 없는 자니라"유 17-19절.

"하나님의 사랑 안에서 자신을 지키며." 이 구절은 하나님의 직접적인 계시로서 어떤 뚜렷하고 특별한 내용을 분명하게 언급하고 있다. 따라서 성령의 도우심을 받으며 심사숙고해야 하는 영적 수고가 필요하다.

"지키며"라는 뜻은 수고하라는 것이다. 게으름과 안일함과는 거리가 멀다. 만일 수고하지 않으면 당신은 하나님의 사랑으로부터 떨어지게 될 것이라는 뜻이다. 세상에서 발생하는 대형 재난 가운데서, 당신이 처한 재난들 속에서 하나님의 손길과 사랑의 흔적을 찾기 시작하라. 하나님의 사랑 안에서 자신을 지키기 위해서 우리는 안간힘을 다해 많은 생각을 해야 하고 힘을 다해 기도해야 한다. 이런 식으로 하나님의 사랑 안에서 자신을 지키는 것만이 우리의 지혜이고 행복이며 안전이다.

　그렇다면 어떻게 하나님의 사랑 안에서 자신을 지킬 수 있을까? 그 방법은 그 사랑 안에 거할 수 있는 모든 수단을 다 동원하는 것이다. 하나님의 사랑의 영적인 영역 안에 거하기를 원한다면 영적인 영역의 가장 위대한 수단을 사용해야 하는데, 그 수단은 '하나님은 나를 사랑하신다'는 사실을 믿는 믿음이다. 당신의 감정이 어떻게 느끼든 상관없이 언제나 "하나님께서는 나를 사랑하신다"는 말을 되풀이하라. 하나님과 멀리 떨어진 곳에 있지 말고 주님과 가까이 살며 주 안에서 즐거워하라. 모든 이기심과 두려움의 벽을 무너뜨리고 끝없이 깊으신 하나님의 사랑 안에 자신을 던지라.

　유다는 "하나님의 사랑 안에서 자기를 지키라"고 했을 뿐, "계속 하나님을 사랑하라"고 말하지 않았다. 계속 하나님을 사랑하는 것은 그 누구도 할 수 없다. 당신의 마음이 얼마나 죄악된지를 깨달았다면 이제 그 사실을 다시 생각하지 말라. 그 대신 하나님 사랑의 위대하고 무한한 장엄함을 바라보라. 오, 우리가 바다처럼 충만한 하나님의 사랑에 점점 더 빠져들어 간다면 더 이상 우리를 그곳에서 나오도록 유혹할 수 있는 것은 없으리라.

　"누가 우리를 그리스도의 사랑에서 끊으리요"롬 8:35. 오, "다른 어떤 피조물이라도 우리를 우리 주 그리스도 예수 안에 있는 하나님의 사랑에서 끊을 수 없으리라"롬 8:39는 이 깨달음을 얻게 될 때 누리는 그 충만한 기쁨과 평안과 환희를 어떻게 다 말로 표현할 수 있으리요!

3장·
하나님이 사랑이시라면 왜?

전쟁이 없고 모든 것이 잘 진행될 때 "하나님은 사랑이시라"고 말하는 것은 쉽다. 그러나 모든 것이 모순되어 보일 때 "하나님은 사랑이시라"고 말하는 것은 쉽지 않다. 예를 들어, 어떤 사람이 불치의 병에 걸렸거나 신체장애인이 되었을 때, 가장 사랑하는 사람들을 잃었을 때, 그럼에도 불구하고 "하나님은 사랑이시라"고 말한다면 그 사람은 보통 사람들이 가지지 못한 뭔가를 소유하고 있는 것이다.

사랑은 정의하기가 어렵다. 그러나 내가 알려주고 싶은 제대로 된 사랑의 정의는 "나의 인격이 어떤 인격을 최고로 선호하게 되면서 모든 사람과 모든 것을 다 동원하는 것"이다.

이 개념을 가지고 가치 있는 모든 것에 적용해 보라. 젊을 때는 사물을 대할 때 원래보다 훨씬 더 단순하게 생각한다. 우리는 각자 나름대로 모든 영역에 대한 개념이 있다. 어떤 사람은 자신을 물질주의자, 무신론자 또는 그리스도인이라고 말하는데, 이 뜻은 그가 한 가지 중심 개념을 가지고 있다는 뜻이다. 그러나 그 중심 개념을 가지고 가치 있는 모든 것에 적용해 보는 사람은 거의 없다. 그렇게 해 보면 그들의 중심 개념에 있는 모순을 쉽게 발견할 수 있을 것이다. 이 방법만이 어떤 개념이 제대로 된 것인지를 발견할 수 있는 유일한 방법이다. "하나님은 사랑이시라"는 기독교의 개념도 마찬가지이다.

하나님 사랑의 속성

> "우리가 아직 죄인 되었을 때에 그리스도께서 우리를 위하여 죽으심으로 하나님께서 우리에 대한 자기의 사랑을 확증하셨느니라" 롬 5:8.

하나님의 사랑은 다른 모든 사랑들과 다르다. 하나님은 우리를 '하나님의 사랑으로' 사랑하신다. 곧 하나님의 사랑은 부모님의 사랑이나 부부나 연인 간의 사랑과 같은 것이 아니다. 사람들은 하나님의 사랑을 믿지 않고 있기 때문에, 하나님의 사랑은 적극적으로 권장되어야만 하는 특이한 종류의 사랑이 되고 말았다.

- 하나님 사랑의 기반

하나님 사랑의 기반은 거룩이다. "거룩함을 따르라 이것이 없이는 아무도 주를 보지 못하리라" 히 12:14. 그러므로 하나님의 사랑은 먼저 '거룩'에 의하여 구별되어야 한다. 앞서 내린 사랑에 대한 정의를 기억해 보자. "사랑이란 나의 인격이 어떤 인격을 최고로 선호하게 되면서 모든 사람과 모든 것을 다 동원하는 것이다." 만일 하나님의 속성이 거룩이라면, 하나님의 사랑은 거룩한 사랑이어야 한다. 하나님께서는 우리를 사랑하시기 때문에 우리 모두 거룩해질 때까지 모든 사람들과 모든 것을 다 동원하신다.

- 하나님 사랑의 특징

성경에 계시된 하나님의 사랑이 평범한 인생들 가운데 나타나면 매우 생소하다. 평범한 상식을 가진 사람이라면 요한복음 3장 16절과 같은 내용을 대할 때 완전히 당황하게 된다. 기독교의 계시는 사물의 근본과 관련되는 것이지, 현실의 삶을 주로 다루기 위한 것이 아니다. 복음이 선포될 때 그 복음은 근본을 바꾸기 위한 것이다. 하나님 사랑의 특성은 우리가 자신을 하나님께 다 드릴 때 주께서 하나님의 아들의 속성을 우리에게 부여하신다는 사실이다.

"하나님의 은사는 그리스도 예수 우리 주 안에 있는 영생이니라"
롬 6:23.

- 하나님 사랑의 증거

"모든 것이 하나님께로서 났으며 그가 그리스도로 말미암아 우리를 자기와 화목하게 하시고 또 우리에게 화목하게 하는 직분을 주셨으니 곧 하나님께서 그리스도 안에 계시사 세상을 자기와 화목하게 하시며 그들의 죄를 그들에게 돌리지 아니하시고 화목하게 하는 말씀을 우리에게 부탁하셨느니라 그러므로 우리가 그리스도를 대신하여 사신이 되어 하나님이 우리를 통하여 너희를 권면하시는 것같이 그리스도를 대신하여 간청하노니 너희는 하나님과 화목하라 하나님이 죄를 알지도 못하신 이를 우리를 대신하여 죄로 삼으신 것은 우리로 하여금 그 안에서 하나님의 의가 되게 하려 하심이라"고후 5:18-21.

"곧 하나님께서 그리스도 안에 계시사 세상을 자기와 화목하게 하시며"고후 5:19. 이 구절이 제시하는 시각이 얼마나 중요한지를 깨닫고 이 시각으로 세상을 바라보는 사람들은 많지 않다. 그 이유는 세상이 보는 시각과 성경이 보는 시각이 전혀 다르기 때문이다. 세상은 현실을 바라보지만, 성경은 근본을 바라본다. 전쟁이 발생하거나 여러 무서운 재난들이 우리 삶을 강타하면 우리는 진부한 시각에서 벗어나게 되면서 성경이 말하는 것을 들을 자세가 된다. 그때 우리가 성경을 통하여 발견하게 되는 것은, 성경은 우리의 상식적인 삶의 배후에 있는 근본들을 다룬다는 사실이다. 성경은 우리의 감각으로 접할 수 있는 상식적 사건들의 영역을 다루는 것이 아니다. 성경은 우리가 오직 하나님을 믿음으로써 접할 수 있는 계시 영역의 사건들을 다룬다. 그러므로 하나님의 사랑의 증거는 계시 영역의 사건 속에 있다.

자연 세계(Nature)와 하나님의 사랑

"피조물이 고대하는 바는 하나님의 아들들이 나타나는 것이니" 롬 8:19.

자연은 창조주를 사랑의 하나님으로 드러내는가? 만일 그렇다면 왜 자연은 강탈과 죽임으로 가득 차 있을까? 이를 설명하는 내용이 성경의 계시에 있는가? 예수 그리스도께서 제시하시는 하나님의 개념을 가지고 세상의 생명들을 보라. 그러면 예수 그리스도 안에서 계시된 하나님은 자연 세계 속에서 나타난 하나님과 분명히 모순된다는 사실을 발견할 것이다. 하나님께서는 오해를 받으셔도 얼마든지 견디실 수 있는 유일한 존재시다. 주님은 의도적으로 옆으로 비켜서셔서 주님 자신이 비방 받고 오해 받는 것을 허락하신다. 주님은 절대로 자기 입장을 변호하지 않으신다.

지식이라는 '눈가리개'를 벗어 던지고 이 세상의 세력을 접해 보면 이 세상에는 너무나 거친 문제들이 있다. 자연은 유순하지 않고 거칠다. 현대 과학자들은 자연이 유순하기에 우리가 바다와 하늘을 활용할 수 있다고 주장한다. 물론 우리가 과학 논문을 읽고 성공적인 연구 사례를 대할 때는 마치 그들의 주장이 맞는 것 같다. 그러나 우리가 곧 인간의 논리와 계산에 전혀 해당하지 않는 요소들을 접하게 되면서 이 우주는 거칠고 제어하기가 힘들다는 것이 증명된다. 그러나 태초에 하나님께서는 사람을 창조하시고 이 우주를 다스리도록 하셨다. 사람이 우주를 다스릴 수 없게 된 이유는, 하나님께서 세우신 질서를 파괴하고 자기 위의 하나님의 권위를 인정하지 않고 스스로 자신의 주인이 되어 버렸기 때문이다. 예수 그리스도는 하나님께서 처음에 인류를 향하여 의도하신 그 질서에 속하셨다. 따라서 그분은 쉽게 바다와 하늘과 땅에 있는 모든 생명의 주인Master이 되셨다. 만일 우리가 구속을 근거로 인류의 미래가 어떠한지를 알고 싶다면, 하나님과 사람 사이에서 완전한 하나 되시는 예수 그리스도 안에서 우리의 미래 모습을 비추어 볼 수 있을 것이다. 그러나 그동안에는 거리gap가 있으며 우주는 거칠 것이다.

바울은 피조의 세계가 궤도에서 벗어나 일그러져 있다고 말한다. 그래서 피조계는 하나님의 아들들이 나타나기를 고대하고 있다고 한다. 성경은 자연이 허무한 데 굴복하고 있다고 본다. 즉, 하나님의 목적에서 벗어난 무질서한 상태로 보는 것이다. 지금 자연 세계는 일그러져 있다. 하지만 하나님과 사람이 다시 하나로 연합될 때 온전해질 것이다롬 8장.

하나님께서 자연 세계를 질서 있게 창조하셨던 것처럼 이제 하나님께는 일그러진 자연계의 질서를 다시 세우실 책임이 있다. 만일 우리에게 성령이 없다면 우리는 하나님께서 자연의 질서를 보시듯이 그렇게 자연계의 질서를 바르게 볼 수 없을 것이다.

- 자연 세계의 냉담함
  "땅이 네게 가시덤불과 엉겅퀴를 낼 것이라 네가 먹을 것은 밭의 채소인즉 네가 흙으로 돌아갈 때까지 얼굴에 땀을 흘려야 먹을 것을 먹으리니 네가 그것에서 취함을 입었음이라 너는 흙이니 흙으로 돌아갈 것이니라" 창 3:18-19.

이 내용은 인간의 상식으로 알 수 없다. 성경은 자연 세계죄가 들어온 이후 인간들이 살아가는 이 세상을 의미한다. - 역주가 사람들에게 냉담한 이유가 인류의 언약의 조상이 불순종함으로써 자연계의 질서가 깨졌기 때문이라고 말한다. 특히 자연 세계의 냉담함은 우리가 사랑하는 자와 사별할 때 처절하게 느껴진다. 이러한 슬픔은 이 세상 사람들에게 수수께끼 같을 뿐이다. 이른 아침이나 늦은 밤의 바다나 산의 아름다운 장면들은 하나님과 연결되어 있지 않는 인간들의 영혼에 피할 수 없는 슬픔을 만들어 낸다. 세월이 지날수록 자연스럽게 나타나는 인간들의 피곤과 슬픔과 지친 모습은 하나님 없이 살아보겠다던 인간들에게 하나님께서 얼마나 멀리 계신지를 드러낸다.

- 자연 세계 속에서 나타나는 악함들
  "또 내가 새 하늘과 새 땅을 보니 처음 하늘과 처음 땅이 없어졌고 바다도 다시 있지 않더라" 계 21:1.

태양보다 더 잔인한 것이 없으며 사막보다 더 혹독한 것이 없다. 바다에도 질서에서 벗어난 심술궂은 모습들이 나타나고 인생 가운데서도 무섭고 악한 일들이 발생한다. 예를 들어, 선원의 아내는 남편을 잃을까 염려하여 바다를 무서워하고 돌아오지 않은 남편을 생각하며 바다를 미워한다. 대륙의 정글 속에서는 가장 잔인하고 말로 다할 수 없는 소름끼치는 일들이 발생하고 있다. 이러한 상황 가운데 "하나님은 사랑이시라"고 유창하게 말한다면 이는 아마 가장 부적절한 말이 될 것이다.

- 자연 세계의 반란
    "그 때에 이리가 어린 양과 함께 살며 표범이 어린 염소와 함께 누우며 송아지와 어린 사자와 살진 짐승이 함께 있어 어린 아이에게 끌리며 … 내 거룩한 산 모든 곳에서 해 됨도 없고 상함도 없을 것이니 이는 물이 바다를 덮음같이 여호와를 아는 지식이 세상에 충만할 것임이니라"사 11:6,9.

이사야는 자연계의 냉담과 악함과 반란이 사라질 날이 올 것이라고 말한다. 그날이 오면 이리가 어린 양과 함께 거할 것이다. 이러한 관계는 지금으로서는 상상도 할 수 없다. 어린 양이 이리와 함께 눕다니! 성경은 사람이 거하는 이 땅에 먼 훗날에 죄와 악함이 사라진 '새 하늘과 새 땅'이 도래할 것이라고 알려주고 있다. 우리는 그 땅에 거하게 될 것이다. 그러나 그 땅은 놀랍도록 구속된redeemed 땅이 될 것이다. 죄로 인해 완전히 황폐하게 되었던 땅이었지만 하나님께서 본래 가장 아름답게 창조하신 모습대로 회복되어 완성된 새 땅이 될 것이다.

나라들과 하나님의 사랑

> "일곱째 천사가 나팔을 불매 하늘에 큰 음성들이 나서 이르되 세상 나라가 우리 주와 그의 그리스도의 나라가 되어 그가 세세토록 왕 노릇 하시리로다"계 11:15.

사람들은 '기독교 나라'를 말하는 경우가 있다. 하지만 그러한 나라는 아직 없다. 각 나라들 안에 그리스도인들이 있다. 그러나 그렇다고 그 나라들이 곧 기독교 나라는 아니다. 한 나라의 구성은 한 개인의 구성과 같다. 개별성individuality과 인격성personality 간에는 차이가 있다. 개별성은 자신과 다른 모든 것들을 밀쳐내고 홀로 서는 어떤 속성을 말하는 반면, 인격성은 합쳐지고 섞일 수 있는 속성이다. 개별성은 인격성을 가진 생명의 껍질과 같다. 인격성의 생명이 껍질을 뚫고 나와 자유롭게 되면 개별성은 사라진다. 나라들도 마찬가지이다. 이 세상 나라들은 하나님을 향한 사랑도, 다른 나라들을 돌봄도 없이 지독할 정도로 개별적이다.

각 나라마다 그들 자신들이 나라의 평화를 지켜야 한다고 주장한다. 그래서 지금까지 스스로 자기 나라의 평화를 지켜 왔다!챔버스는 자기 나라의 평화를 지키기 위하여 오히려 셀 수 없이 많은 전쟁을 치러야 하는 모순을 지적하고 있다. - 역주 하지만 지금과 같은 각 나라들의 분쟁 가운데서 많은 사람들이 그들이 가져왔던 믿음을 잃었다.세계 1차 대전을 배경으로 쓴 글이다.-역주 그러나 이들이 잃은 것은 하나님을 향한 믿음이 아니라 자신들의 신념에 대한 믿음이다. (사실 나는 하나님께 대한 믿음을 잃은 사람을 만나본 적이 없다.) 그리고 그들에게 신처럼 군림했던 그들의 믿음이 무너지면서 하나님께 새롭게 다가오고 있다.

- 나라들의 기원
"온 땅의 언어가 하나요 말이 하나였더라 … 그러므로 그 이름을 바벨이라 하니 이는 여호와께서 거기서 온 땅의 언어를 혼잡하게 하셨음이니라 여호와께서 거기서 그들을 온 지면에 흩으셨더라"창 11:1,9.

성경에 의하면 우리가 아는 나라들은 절대 있어서는 안 되었던 사건의 결과로 빚어진 것이다. 문명은 살인에 기초를 두고 있다. 문명의 삶의 기반은 경쟁이다. 문명에는 엄청난 요소들이 있다. 문명은 사람들에게 쉼과 보호를 제공한다. 그러나 문명의 뿌리는 선하지 않다. 우리는 각 나라에 속해 있다. 각 나라들은 하나님께서 자신들의 나라를 보호해 주시는 대표자로 생각한다. 만일 각 나라의 이러한 주장이 옳다면 도대체 어떤 나라의 주장이 맞는 것인가?

- 세상 나라들의 목적
  "너희 중에 싸움이 어디로부터 다툼이 어디로부터 나느냐 너희 지체 중에서 싸우는 정욕으로부터 나는 것이 아니냐 너희는 욕심을 내어도 얻지 못하여 살인하며 시기하여도 능히 취하지 못하므로 다투고 싸우는도다 너희가 얻지 못함은 구하지 아니하기 때문이요."약 4:1-2.

개인적 싸움이든 나라간의 전쟁이든, 그 이유는 의지의 충돌이다. 의지와 의지가 부딪히면 서로 공격하며 싸우게 된다. 이것이 나라들의 목적이다. 세상 나라들은 독립을 주장하며 다른 나라에게 짓밟히기를 거부하고 오히려 다른 나라들을 다스리기를 원한다. 만일 정치적으로 자기 나라의 주장이 다른 나라에게 받아들여지지 않으면 마지막 수단이 전쟁이다. 예수 그리스도께서 주의 나라를 이 땅에서 세우시기까지 전쟁은 앞으로도 계속 이 땅에 있을 것이다.

전쟁보다 더 악한 것이 있는데 그것은 바로 죄이다. 우리를 깜짝 놀라게 하는 사건이라고 해서 하나님도 깜짝 놀라시는 것은 아니다. 우리는 사회 질서가 무너지고 수천수만 명의 사람들이 죽게 될 때 겁을 먹고 공포에 빠진다. 물론 우리는 안정되어야 한다. 그러나 안정과 함께 문명을 누릴 때 우리 중 얼마나 많은 사람들이 하나님을 향한 인간의 강퍅한 마음 상태로 인하여 조금이라도 괴로워하는가? 인간들을 흔들어 놓는 것은 전쟁과 파멸이지만, 하나님의 마음에 고통을 만드는 것은 안정 속에서 하나님을 멸시하는 인간들의 마음이다.

- 나라들의 멸망

"하늘에 큰 음성들이 나서 이르되 세상 나라가 우리 주와 그의 그리스도의 나라가 되어 그가 세세토록 왕 노릇 하시리로다"계 11:15.

사람들의 생각 속에는 마지막 때가 되면 인류가 서로 완전하게 사랑하면서 모든 것을 다스릴 때가 올 것이라는 이상이 있다. 모든 나라들과 종교들이 연합하여 모든 차별이 사라지고 오직 위대한 전 세계적인 형제애가 있게 될 것이라고 생각한다. 사람들은 나라들의 분쟁과 전쟁을 보며 이 세상의 모든 나라들이 하나로 연합되기를 기대한다. 그러나 이러한 이상은 잠깐 정신적 위안을 줄 수 있을지 모르지만 사실은 하나님을 향한 반란이다. 베드로는 하나님께서 우리를 대하여 오래 참고 계시다고 말한다벧후 3:9. 현재 하나님께서는 개인적이든 넓게는 국가적 입장에서든 그들이 원하는 것이라면 뭐든지 시행해 볼 수 있는 기회를 주고 계신다. 인간들은 지금까지 다 실패하였지만 아직 안 해본 것이 남아 있다. 만일 하나님께서 우리를 간섭하시면 우리는 "주께서 우리를 조금만 더 내버려 두셨다면 이상적인 사회와 나라를 실현할 수 있었을 텐데"라고 말할 것이다. 따라서 하나님께서는 우리를 내버려 두신다. 그 이유는 인류가 모든 것을 다 해보아도 철저하게 실패할 수밖에 없다는 증거를 허락하시기 위함이다.

오직 예수 그리스도께서 말씀하신 방법 외에는 우리의 이상을 이룰 수 없다. 그 방법은 사람들이 신-인이신 예수 그리스도를 통하여 하나님과 인격적 관계를 맺는 것이다. 이제 조만간 우리가 의지하던 마지막 밧줄까지 끊어지게 될 것이다. 그때 우리는 예수 그리스도께서 말씀하시는 음성을 듣게 된다. "심령이 가난한 자는 복이 있나니" 마 5:3. 만일 당신이 하나님께 구하면 주께서는 당신에게 성령을 주실 것이다 눅 11:13. 즉, 하나님은 예수 그리스도를 통하여 조금도 때 묻지 않은 유전형질을 주신다.

이것이 하나님의 사랑이 들어오는 방법이다. 하나님의 사랑이 이렇게 긴 여정을 거쳐야 하는 이유는 주께서 "많은 아들을 이끌어 영광에 들어가게 하시는 일"을 하시기 때문이다. 이 일은 영광된 조직이나 체계에 들어간다는 의미가 아니라 주의 백성이 온전한 분량까지 자라나 영적 감각이 뛰어난 사람이 된다는 뜻이다. 예수 그리스도는 결코 부흥 집회를 통해 사람들의 마음을 열게 한 후에 "나를 믿으라"고 말씀하신 적이 없다. 주님은 언제나 사람들에게 냉정하게 판단하도록 하셨다. 심지어 주를 따르고자 하는 사람들마저 거절하시는 듯하였다 눅 9:57-62. "나 때문에 또 한 사람이 구원을 받았어요!" 절대

그럴 리 없다. 주님은 이렇게 말씀하신다. "지금 네가 무엇을 하려는 것인지 시간을 가지고 고민해 봐라. 네가 참으로 내가 말하는 것을 들을 준비가 되어 있느냐?"

하나님의 사랑은 하나님께서 그분의 아들 예수님에게 최고의 것을 주시기 위하여 모든 사람과 모든 것을 동원하는 것이다. 하나님의 목적은 우리 모두 예수 그리스도의 근본적인 성품에 동참하여 예수 그리스도께서 하나님 아버지께 하셨던 것처럼 하나님 아버지와 완전한 연합 가운데 서는 것이다. 하나님을 믿는 것은 이 어둔 세상에서의 놀라운 모험이다. 우리는 모순되어 보이는 모든 상황 속에서도 "하나님은 사랑이시라"고 믿어야 한다. 모든 영혼은 각각 영적 전쟁을 치러야 한다. 그리스도인에게 가장 중요한 핵심은 모든 상황 가운데 하나님을 향한 완벽한 신뢰를 유지하는 것이다. 바울은 하나님의 아들들이 나타날 때 모든 것이 하나님과 바른 관계에 있게 될 것이고 주 예수 그리스도께 헌신된 모습들이 될 것이라고 말한다. 자연 세계와 나라들 가운데 있는 모든 끔찍한 일들과 투쟁이 멈춰질 것이고 하나님의 사랑만이 가장 위대한 실체로 영원히 남게 될 것이다.

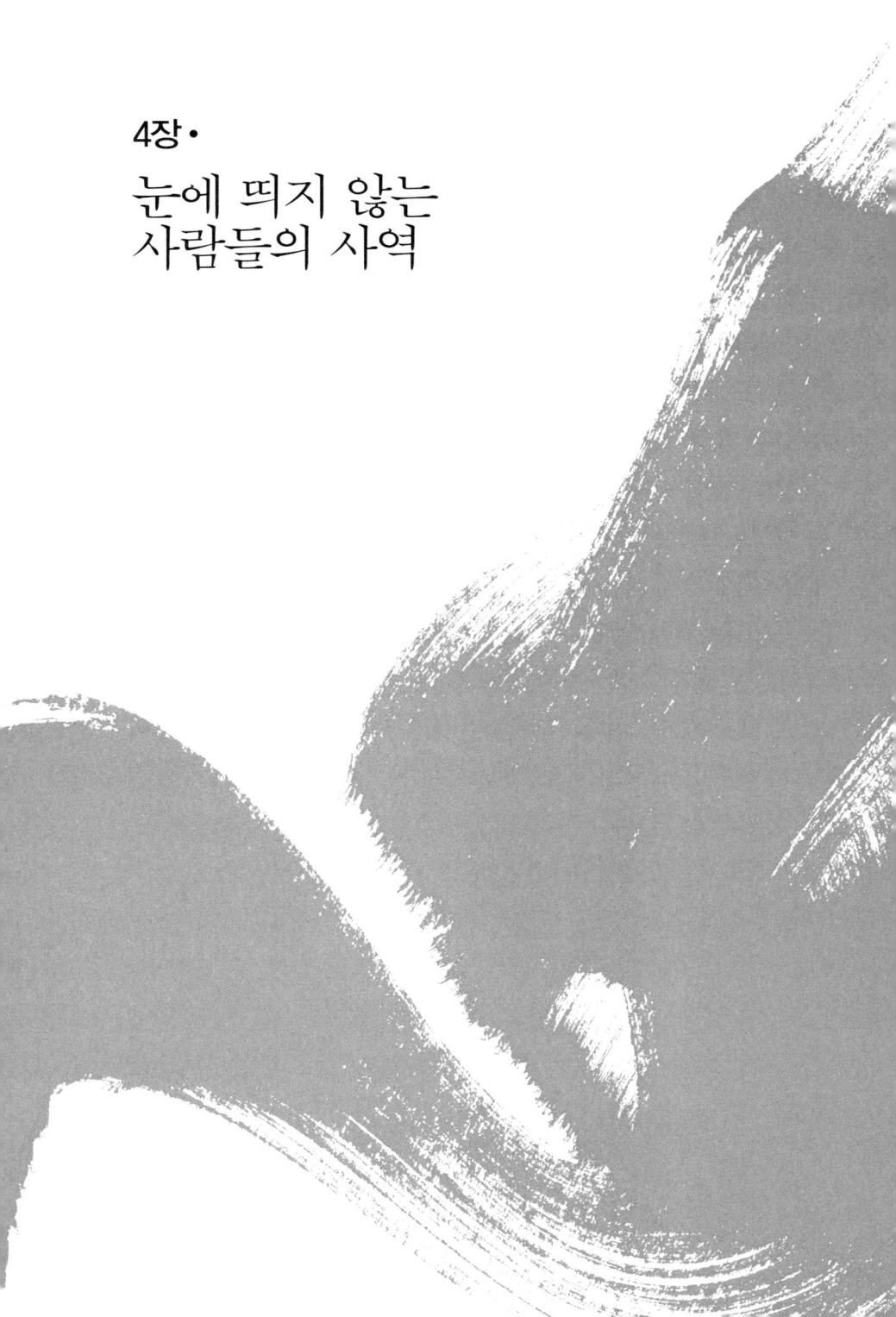

4장 •
눈에 띄지 않는 사람들의 사역

"내가 이스라엘에게 이슬과 같으리니 그가 백합화같이 피겠고"호 14:5.

성경은 우리가 우리의 관점에서 중요하게 여기지 않는 것들을 주지할 때가 많다. 예를 들어, 우리 주님은 오직 열두 제자를 부르셨다. 그렇다면 특별한 부름을 받지 않은 주님의 다른 제자들은 어떻게 된 것인가? 열두 제자는 특별한 목적을 위하여 부름 받았다. 그러나 주님을 진심으로 믿고 따르는 수백 명의 제자들도 있었지만 그들은 눈에 띄지 않았다. 우리는 언제나 예외적인 것들을 주시하기 때문에 그리스도인에 관한 견해에서도 불균형적인 관점을 갖기 쉽다. 예외적인 것은 반드시 예외적인 것으로 간주되어야 한다. 예외적인 회심이나 경이적인 영적 체험들은 모든 사람의 삶 가운데서 발생하는 일들 중 가장 귀한 종류의 일들이다. 그러나 사도 바울이 가졌던 그러한 영적 체험은 수백만 명 중에 하나 '있을까 말까' 한 것이다.

우리 대부분의 사람들은 남들의 눈에 띄지도 않고 드러나지도 않는다. 만일 그리스도의 삶을 살아가면서 예외적인 경험들을 우리 믿음의 모델로 삼는다면, 우리는 무지 가운데 잘못된 기준을 세우는 것이다. 나아가 이러한 잘못된 기준 때문에 우리는 세월이 지나면서 예수 그리스도와는 끔찍할 정도로 다른 모습, 즉 가장 큰 실패작인 영적으로 교만한 자들이 된다. 영적으로 교만한 자들의 정도 차이가 있겠지만 그들의 출발점은 성경의 복음에서 떠나 '개신교주의' 복음에 서는 것이다.

평범한 것들의 꾸밈없는 아름다움

"심령이 가난한 자는 복이 있나니"마 5:3.

이 내용을 문자적으로 보면 "영적으로 거지인 자는 복이 있나니"라는 뜻이다. 거지는 아무도 거들떠보지 않을 만큼 가장 평범하다! 일반적인 설교 타입은 의지의 힘을 강조하고 인격의 아름다움을 강조한다. 이러한 설교는 쉽게 주목 받을 수 있다. "예수님을 위해 결단하십시오"라는 말을 우리는 너무 자주 듣지만, 주께서는 그들이 그렇게 살아갈 수 있다고 절대 믿지 않으신다. 우리 주님은 우리에게 "주를 위해 결단하라"고 당부하신 적이 없다. 다만 주님은 우리에게 "주께 항복하라"고 당부하신다. 이 두 가지는 전혀 다른 것이다.

주님 나라의 기초에는 평범한 사람들의 때 묻지 않은 아름다움이 있다. 내가 복 있는 자가 되는 이유는 궁핍 때문이다. 만일 자신의 의지력을 믿지 않고 자기 성향의 고상함을 믿지 않는다면 주님께서는 "네가 복이 있도다"라고 말씀하신다. 이는 이러한 가난한 마음을 통하여 하늘나라에 들어가기 때문이다. 착한 사람이 하나님 나라에 들어갈 수 있는 것이 아니다. 오직 완전한 거지가 될 때에야 하나님 나라에 들어갈 수 있다.

- 자랑할 것이 없는 자들의 영향

 "여자들 중에 내 사랑은 가시나무 가운데 백합화 같도다" 아 2:2.

솔로몬이 언급하는 백합화는 그 당시 지금의 민들레처럼 아주 흔한 것이었다. 그러나 그 향기는 온 천지를 진동했다. 마치 나그네가 길을 지나다가 갑자기 풀숲에서 나오는 향기를 맡게 되는 것과 같은 그림이다. 나그네는 그 향기에 놀라 풀숲을 들여다보고 거기서 탐스럽게 피어 있는 백합화를 발견한다. 사람들은 여행을 떠났다가 세상과는 다른 평범한 가정에 다시 돌아오면 다음과 같이 말하곤 한다. "가정이란 곳이 내게 얼마나 아름다운 곳인가!" 어떤 사람이 가정의 평범한 것들에서 벗어나 멀리 어디엔가 갇혀 돌아오지 못하게 되면 그 사람은 어머니나 딸이 정녕 주 안에서 '백합화'인 것을 발견하게 된다.

이제 개인적인 삶에 이 예를 적용해 보자. 잘생기지도 못하고 교육도 평범하게 받은 아주 전형적인 평범한 사람을 만났다고 하자. 그러나 그에게서 가장 놀라운 영향을 받을 수 있다. 주님은 "마른 땅에서 나온 줄기" 같은 분이셨다. 이 말은 주님은 자랑할 것이 없이 철저하게 평범하셨다는 뜻이다. 이것이 이사야가 말하는 "하나님의 영웅들"의 모습이다.

하나님이 보시기에 참으로 사랑스러운 성품을 지닌 사람들은 언제나 무의식적인 가운데 영향을 미친다. 의식적으로 영향을 끼치려는 것은 건방진 것이며 비기독교적인 것이다. 우리의 유용성이 어떠한지를 알아내려고 하는 순간부터 우리는 주님과 함께하는 풍성함을 놓치게 된다. 예수님께서는 "나를 믿는 자는 성경에 이름과 같이 그 배에서 생수의 강이 흘러나오리라"요 7:38고 말씀하셨다. 만일 강의 흐름을 측정하려고 하면 우리는 생수의 근원과 끊어지게 된다. 우리는 언제나 생수의 근원에 신경 써야 한다. 그러면 하나님께서 강의 흐름을 돌보신다.

최근 사역의 성공에 열광하는 자들이 말하는 '영혼을 향한 열정'도 마찬가지이다. 우리 주님께서는 제자들에게 성공적인 사역으로 인하여 즐거워하지 말고 주님과 온전한 관계를 맺고 있는 사실로 기뻐하라고 말씀하셨다눅 10:18-20. 이러한 모든 위험은 우리가 결과를 원인으로 두는 데서 발생한다. 우리에게 가장 큰 영향을 주는 사람들은 누구인가? 분명한 것은 교만하게 나서는 사람들이 우리에게 영향을 주는 것이 아니라, 우리의 부모님, 형제자매, 친구들이 우리가 의식하지도 못하는 가운데 영향을 끼친다.

- **미세한 것들이 주는 영적 의미**
  "주랑 기둥 꼭대기에 있는 머리의 네 규빗은 백합화 모양으로 만들었으며" 왕상 7:19.

백합화 모양의 기둥머리는 건물을 지탱하는 힘과는 아무런 관련이 없다. 많은 사람들이 전체 건물의 힘과 웅장함을 보지만 그 건물에 영적인 의미를 부여하는 것은 '백합화 모양'이다. 건축물에서 건물의 육중한 힘은 건물의 아름다움으로 고려되지 않는다. 오히려 사람들의 눈에 잘 띄지 않는 부분이 건축물의 아름다움이다.

주를 위하여 오랫동안 수고하며 많은 연단을 거친 사람들을 보면, 성품 면에서 거친 모습들이 없고 하나님을 향해 우격다짐으로 일하려는 모습도 없다. 그러나 그들은 삶 가운데 다른 것을 습득하였는데, 바로 더 없이 아름다운 '백합화 모양', 즉 예수 그리스도의 모습을 가장 많이 닮고 있다. 예수님의 특징은 요동하지 않는 신성한 평안과 안정이다. 주께는 우격다짐의 모습이 없으시다. 하나님의 자녀들의 특징도 마찬가지이다. 이 말은 우리 주님 또는 주의 자녀들이 추진력이 없다는 뜻이 아니다. 다만 일을 추진하는 것에 치우친 나머지 가장 중요한 것을 잃는 일이 없다는 뜻이다. 가장 중요한 일은 바로 눈에 띄지 않는 소자들을 돌보는 것이다.

하나님께서는 주의 자녀들에게 '주의 백합화의 모양'이 구체적으로 나타나도록 하기 위해 여러 많은 특별한 도구들을 사용하신다. 가령, 고슴도치 같은 사람을 만나게 하시거나 비바람 같은 어려운 환경을 사용하신다. 하나님은 어떤 것이든 상관없이 다 사용하셔서 우리를 연단하신다. 우리는 언제나 하나님께서 일하시는 때를 알 수 있다. 그 이유는 주께서 일하실 때는 평범한 것들을 통해 뭔가 영감을 주는 귀한 것을 만들어내시기 때문이다.

- 구별의 의미

"들의 백합화가 어떻게 자라는가 생각하여 보라" 마 6:28.

우리 주께서 영적인 삶을 설명하실 때는 언제나 사람이 만들어낸 작품이 아니라 하나님 아버지의 작품에서 예를 드셨다. 우리는 자동차, 비행기, 전등 등 앞으로 밀고 나가거나 그 자체를 드러내는 것에서 예를 든다. 우리는 우리의 관심을 끄는 것들을 수단으로 설명한다. 그러나 주님은 우리가 지나치기 쉽고 관심을 갖지 않는 것들을 수단으로 말씀하신다. 우리 중에 누가 참새와 민들레에 관심을 갖겠는가? 너무 흔해서 우리는 이것들을 무시한다. 하지만 예수님께서는 우리에게 이것들을 보고 생각하라고 말씀하신다. 이러한 것들의 특징은 사람의 눈에 띄지 않지만 그 모습 그대로 존재한 다는 점이다.

"나는 백합이 될 것이다"라고 말하는 백합화를 상상해보라! 그런 백합은 없다. 백합은 어느 곳에 심겨지든 그곳에서 자신 속에 내재되어 있는 생명의 법에 순종할 뿐이다. 백합은 무의식 가운데 자라난다. 이사야 47장 7절을 보면 "내가 영영히 여주인이 되리라"는 말씀이 있는데, 여주인의 특징은 자신을 드러내려고 애쓰지 않아도 여주인이라는 점이다. 마찬가지로 그리스도인이란 그 사람 안에 내주하시는 성령께서 언제나 자연스럽게 밖으로 나타나는 사람을 말한다. 그리스도인의 삶은 절대로 의식적으로 나타나지 않는다. 만일 의식적으로 행하려 한다면 이러한 삶은 더 이상 예수 그리스도의 삶의 특징인 '꾸밈없는 아름다움'을 나타내지 못하게 될 것이다.

격식은 어떤 원칙을 따르는 결과로 나타나는 것이지만, 청결은 내면의 세계에서 주님과의 관계에 의해 맺어지는 결과이다. 만일 우리가 청결을 어떤 특별한 기준을 지킴으로써 나타나는 결과로 오해한다면 이는 예수님의 의도와 상반된다. 주께서 말씀하셨다. "너희가 돌이켜 어린아이들과 같이 되지 아니하면…"마 18:3.

상황 속에서 나타나는 무의식적인 빛

"내가 주와 또는 선생이 되어 너희 발을 씻었으니 너희도 서로 발을 씻어 주는 것이 옳으니라"요 13:14.

여기서의 상황은 어떠한가? 저녁 만찬이 준비되어 있고 열두 명의 어부들이 있으며 물이 담긴 양동이와 수건이 있고 주님께서는 어부들의 발을 씻고 계시다. 요한복음 13장 3절을 보면, 아주 특별한 절정의 장면이 나온다. "예수는 아버지께서 모든 것을 자기 손에 맡기신 것과 또 자기가 하나님께로부터 오셨다가 하나님께로 돌아가실 것을 아시고." 이 내용 이후에 예수 그리스도께서 영광스러운 모습으로 변모하시는 장면이 나와야 자연스러워 보인다. 그러나 그 다음 절을 보면, "저녁 잡수시던 자리에서 일어나 겉옷을 벗고 수건을 가져다가 허리에 두르시고 이에 대야에 물을 떠서 제자들의 발을 씻으시고 그 두르신 수건으로 닦기를 시작하여"요 13:4-5라고 되어 있다. 이 일보다 더 누추하고 평범한 일이 어디 있겠는가? 그러나 성육신하신 하나님께서는 가장 천한 일을 당연하게 하고 계신다.

우리는 종종 예수님처럼 '수건'을 사용하지만 예수 그리스도께서 나타내신 것과 전혀 다른 특징을 드러낼 때가 많다. 우리 주님께서는 무엇이든 만지시기만 하면 굉장한 것이 된다. 어떤 사람들이 무슨 일을 하면 그 일을 하는 과정이 신성하여 그 후 그 일 자체가 우리에게 영원히 남기도 한다. 주님께서 어떤 일을 하시면 언제나 그 일을 영화롭게 변모시켜 놓으신다. 우리 주님께서 영화롭게 만들어 놓으신 단어들을 주목해 보자. 주님께서 오실 때 가장 멸시 받던 단어는 '종'이었다. 그러나 예수님께서는 "나는 섬기는 자로 너희 중에 있노라"눅 22:27고 말씀하셨다. 또한 주님께서는 "너희 중에 누구든지 으뜸이 되고자 하는 자는 모든 사람의 종이 되어야 하리라"막 10:44고 말씀하셨다. 우리 주님께서는 멸시 받는 단어들을 취하셔서 그 의미를 영광스럽게 만들어 놓으셨다. 주님은 가장 평범하고 천하며 일상적인 일들을 행하시면서 그 일들을 영광스럽게 변모시켜 놓으신 것이다. 우리 주님은 사람들의 눈에 띄지 않고 가장 평범한 상황 가운데 비치는 빛이셨다.

주님께서 이 땅에 계시는 동안 주님을 보았던 많은 사람들이 주님에 대해 아무것도 보지 못했다. 그러나 그들의 성향이 바뀐 후에는 그들은 주님이 누구신지 알아보게 되었다. 우리 주님은 매우 평범한 삶을 사셨기에 아무도 주님을 알아채지 못했다. 제자들이 처음에 예수님께 끌린 이유는 주님의 어떤 영웅적인 모습과 거룩한 모습을 느꼈기 때문이다. 그러나 "그들의 눈이 밝아져 그인 줄 알아"눅 24:31 보게 된 때는 성령을 받은 후이다. 만일 어떤 사람이 나사렛의 목수를 지적하며 "저분은 성육신하신 하나님입니다"라고 말한다면 이 보다 더 깜짝 놀랄 사건이 어디 있겠는가? 이러한 말은 바리새인들에게는 신성모독으로 들렸을 것이다.

우리 주님은 제자들에게 "나는 이 땅에서 가장 성공적인 시간을 보냈다. 나는 수천 명의 사람들에게 설교하여 그들이 구원을 받도록 하였다. 그러니 너희도 가서 이러한 일을 하라"고 말씀하지 않으셨다. 대신 "내가 주와 또는 선생이 되어 너희 발을 씻었으니 너희도 서로 발을 씻어 주는 것이 옳으니라"요 13:14고 말씀하셨다. 우리는 우리와 별 상관없는 사람들의 발을 씻어주면서 섬김의 낮은 자리에서 벗어나려고 한다. 우리는 불신자들의 발과 빈민촌 사람들의 발을 씻기려고 한다. 그러나 내 형제의 발을 씻기고 아내의 발을 씻기며 교회 사역자의 발을 씻기는 것에 대해서는 상상이라도 해 보는가! 우리 주님께서는 '서로의 발'이라고 말씀하셨다. 이는 매일의 평범한 상황 가운데서 사람들이 알아채지 못하는 하나님의 빛을 드러내라는 말씀이다.

- 자취를 남기지 않는 소모
  "너희는 세상의 빛이라"마 5:14.

성경에서 '세상'이란 예수 그리스도를 전혀 고려하지 않고 이 땅에 세워진 여러 제도들을 말한다. 즉, 종교, 사회, 문명 등이다. 예수님께서는 우리가 이 세상에서 빛이어야 한다고 말씀하신다. 우리는 예수 그리스도를 따라 살아야지, 이 세상의 풍습을 따라서는 안 된다. 예수님이 우리에게 원하시는 바대로 행하고자 힘쓸 때 그 즉시 우리는 주께서 말씀하신 진리대로 "사람들이 너희를 미워하며 멀리하고 욕하고 너희 이름을 악하다 하여 버리는 일"눅 6:22들을 겪게 될 것이다. 이러한 핍박은 세상이 아니라 우리가 속한 '단체'가 행할 것이다. 우리는 예수님보다 우리의 단체에 더 신실하기 쉽다. 주님께 충성하기보다 자신의 확신에 충성하기가 더 쉽다.

"너희는 세상의 빛이라." 우리는 우리가 하늘에서 해같이 빛날 것이라는 생각을 가지고 있다. 그러나 우리는 이 땅의 "어그러지고 거스르는 세대 가운데서"빌 2:15 해같이 빛나야 한다. 우리는 이 더럽고 어두운 세상에서 빛으로 살아야 한다. 빛으로 사는 것은 단지 얼굴에 웃음을 띤다고 되는 것이 아니다. 그곳에서 실제 빛으로 항상 존재해야 된다.

"너희는 세상의 빛이라." 우리 자신들이야말로 어디에서나 빛이다. 이 사실을 어쩌다 의식하게 되면 우리는 베다니의 마리아처럼 깜짝 놀라게 된다. 마리아는 그녀의 행동에 대한 예수님의 말씀을 듣고 너무나 놀랐을 것이다. 마리아는 단지 자신 속에 부담으로 있었던 예수 그리스도를 향한 사랑의 표현을 행동으로 옮겼을 뿐이다. 이때 주께서는 "온 천하에 어디서든지 복음이 전파되는 곳에는 이 여자가 행한 일도 말하여 그를 기억하리라"막 14:9고 말씀하셨다.

- 사소한 삶

"사람이 등불을 켜서 말 아래에 두지 아니하고 등경 위에 두나니 이러므로 집안 모든 사람에게 비치느니라"마 5:15.

빛은 가정의 모든 사소한 삶에서 드러나야 한다. 일반적으로 복음을 제시할 때 사소한 삶을 우습게 여기는 경향이 있다. 그러나 복음은 사소한 삶 속에서 역사한다. 복음을 전하는 설교자가 가정에서의 평범한 삶 가운데는 빛을 발하기보다 오히려 가장 큰 걸림돌이 되는 수가 있다. 우리 주님께서는 말씀을 전하는 자 또는 사역자를 판단하실 때 '그들의 열매'를 보라고 말씀하셨다. 열매란 그 사람의 구원 받은 여부를 말하는 것이 아니다. 구원의 가부는 하나님이 하실 일이다. 열매란 '성령의 열매'로서 사랑, 희락, 화평 등을 말한다. 우리는 우리 주님께서 모독을 받으시는 것보다 사람들이 모독 받는 것에 더 많은 염려를 쏟는다. 우리 주님은 종종 사람들을 화나게 만들기는 하셨지만, 그 누구에게도 걸림돌이 되신 적이 없다.

- 진실한 증인

"그들로 너희 착한 행실을 보고"마 5:16.

우리 주님은 "너희가 옳은 것을 설교하라"고 말씀하지 않으셨다. 설교는 다른 사람들에게 무엇을 하라고 말하는 것으로써 매우 쉬운 일 중 하나이다. 그러나 자신이 설교한 대로 살아가는 것은 참 어려운 일이다. "너는 그들에게 평강과 기쁨이 충만하라고 외쳤는데, 너는 어떠하냐? 너는 진정으로 평강과 기쁨으로 충만하냐?" 진실한 증인은 예수 그리스도의 성향을 자신의 삶을 통하여 빛으로 드러내는 자이다. 진리를 가르칠 뿐 아니라 그 진리대로 사는 자가 진실한 증인이다.

공동체를 위해 자신을 드러내지 않는 삶

"우리도 형제들을 위하여 목숨을 버리는 것이 마땅하니라"요일 3:16.

어머니는 자녀들과 가정을 위해 자신의 생명을 내어 놓지만 그 희생을 드러내지는 않는다. 만일 어머니가 자녀들에게 자기가 어떤 희생을 치르는지 설명하려 한다면 그녀는 아마 어머니의 역할을 포기하는 셈이 될 것이다. 어린 딸은 어머니가 무엇을 하였는지 먼 훗날 자기가 어머니가 되어보기 전까지는 아무것도 알지 못한다. 자기가 어머니가 된 이후에야 전혀 드러내지 않고 자기를 사랑하고 돌보셨던 어머니의 삶과 사랑을 인식하게 된다. 이러한 어머니의 사랑처럼 예수 그리스도께서 구속 사역을 통하여 치르신 희생도 마찬가지이다. "그가 우리를 위하여 목숨을 버리셨으니 우리가 이로써 사랑을 알고 우리도 형제들을 위하여 목숨을 버리는 것이 마땅하니라"요일 3:16.

예수 그리스도는 우리를 위하여 '찢겨진 빵과 부어진 포도주'가 되셨다. 주님은 우리도 주의 손에 붙들려 다른 사람을 위해 '찢겨진 빵과 부어진 포도주'가 되기를 원하신다. 만일 우리가 잘 구워지지 않으면 우리는 떡이 아니라 반죽이기 때문에 사람들에게 소화 불량을 일으킬 것이다. 우리는 다른 사람들에게 좋은 영양분이 되어야 한다. 우리가 어려운 기간을 통과하는 이유는 주께서 우리가 다른 사람들을 위한 '빵과 포도주'가 될 수 있는지를 확인하시기 위함이다. 우리는 말뿐 아니라 삶을 통해 우리를 아는 자들에게 영적 영양분이 되어야 한다.

- 순종의 나날들
"예수께서 함께 내려가사 나사렛에 이르러 순종하여 받드시더라" 눅 2:51.

위 구절은 주의 순종을 보여주는 특별한 경우이다! 예수님께서는 "제자들이 스승보다 높지 못하다"라고 말씀하셨다. 지난 30년 동안 자신을 믿지 않는 형제들과 자매들과 한집에 사셨던 주님을 생각해 보라. 우리는 주님의 특별한 사역 기간인 공생애 3년을 생각하지만, 주께서 가정에서 철저하게 순종하셨던 초기 30년은 다 잊어버린다. 아마도 당신의 경우도 비슷할 수 있다. "왜 내가 이 사람에게 이렇게 오래 순종해야 하는지 이해가 되지 않는다." 당신이 예수님보다 나은가? "주께서 그러하심과 같이 우리도 이 세상에서 그러하니라" 요일 4:17. 우리가 순종해야만 하는 이해할 수 없는 상황에 대한 설명은 우리 주님의 기도에 있다. "우리가 하나가 된 것같이 그들도 하나가 되게 하려 함이니이다" 요 17:22. 만일 하나님께서 어떤 기간 동안 당신을 순복하게 하신다면 당신은 당신의 개별성과 함께 모든 것을 잃는 것같이 느낄 것이다. 그러나 그 기간에 예수님께서는 당신을 주님과 하나 되게 하신다.

- 외로운 곳에 버려짐
"광야에서 사십 일을 계시면서 사탄에게 시험을 받으시며 들짐승과 함께 계시니…" 막 1:13.

'신-인'께서 철저하게 황폐한 광야에서 사탄에게 시험을 받으시며 '들짐승과 함께' 계신다. 만일 우리 주께서 고독하고 황폐한 광야를 견디셨다면, 친구가 없거나 외로운 곳에 있게 될 때 우리는 그 상황을 왜 이상하게 생각하는가? 감사하게도 우리는 평범한 삶을 살 때도 있지만 외로운 삶을 살 때도 있다. 내가 자신을 드러내지 않고도 내가 속한 공동체를 위해 희생의 삶을 살 수 있는지는 바로 이러한 외로운 삶을 살 때 알 수 있다. 정말로 남들의 눈에 보이지 않는 '찢겨진 빵'이 될 수 있는가? 아니면 단지 빵을 과시하려고 하는가? 만일 '찢겨진 빵'이라면 우리는 우리가 주께서 당하신 대로 당하여도 전혀 놀라지 않게 될 것이다.

- 대리 헌신
"사람이 친구를 위하여 자기 목숨을 버리면 이보다 더 큰 사랑이 없나니 너희는 내가 명하는 대로 행하면 곧 나의 친구라" 요 15:13-14.

사람이 친구를 위해 자기 목숨을 버린다는 뜻은 죽음과 같은 그러한 갑작스러운 위기 가운데 친구를 위해 자기 생명을 버리는 자체를 의미하는 것이 아니다. 이 의미는 "자, 친구를 위해 장엄한 순교를 했으니 다 해내었다"라는 뜻이 아니라 날마다 친구를 위하여 나를 희생하는 것을 뜻한다. 그러므로 우리는 날마다 예수 그리스도를 위해 희생함으로써 우리가 주님의 친구임을 증명할 기회를 얻는다.

5장·
당신은 낮아질 수 있는가?

　영적인 능력은 내려올 수 있는 능력이다. 만일 오르는 능력만 있다면 뭔가 잘못된 것이다. 우리는 모두 영적으로 높은 지경에 이르러 하나님의 관점에서 상황을 볼 수 있는 때도 있었을 것이다. 그때 우리는 그곳에 계속 머물기를 원하였다. 그러나 우리가 예수 그리스도의 제자라면 주님은 우리가 그곳에 거하는 것을 허락하지 않으신다. 영적 이기심이란 산 정상에만 있으려는 자세를 말한다.

　산 정상에만 계속 머물 수 있다면 모든 것이 좋고 뭐든 할 수 있을 것 같다. 천사처럼 말하며 천사처럼 살아갈 수 있을 것 같다. 그러나 내려올 수 있는 능력이 있어야 한다. 산 정상은 우리가 살아가야 할 장소가 아니다. 우리는 계곡에서 살도록 부름 받았다. 영적 이기심은 산 정상에서의 체험을 계속 원한다. 이 때문에 정상에서 내려오는 훈련이 제자들이 배우기에 매우 어려운 훈련 중 하나이다.

산 정상에 있을 때

"베드로가 예수께 고하되 랍비여 우리가 여기 있는 것이 좋사오니 우리가 초막 셋을 짓되 하나는 주를 위하여, 하나는 모세를 위하여, 하나는 엘리야를 위하여 하사이다 하니"막 9:5.

하나님께서 우리에게 산 정상의 시간을 주시는 것은 언제나 예외적인 사건이다. 우리는 이 기간에 하나님과의 관계에서 특별한 의미를 갖게 된다. 그러나 주의해야 할 것은, 우리의 영적 이기심은 이러한 시간들만 원한다는 점이다. 산 정상의 시간은 우리에게 무엇을 교훈하기 위한 시간이 아니다. 우리는 우리에게 발생하는 모든 사건 속에서 유용한 교훈을 얻으려는 경향이 있는데, 산 정상의 시간은 교훈보다 훨씬 더 중요한 것, 즉 '성품'을 위해 허락된 시간이다. 우리는 주께서 허락하시는 이 기간을 통과하면서 단순한 교훈들을 얻는 정도가 아닌, 실제로 주께서 의도하신 대로 변화된 사람들이 되어야 한다.

"이것이 무슨 유익이 있을까?"라는 질문은 매우 위험하다. 그 과정은 당신에게 아무 실리적 '유익'이 없다. 만일 당신이 실리를 추구하는 사람이라면 우리 주님을 따르는 그리스도인이 되지 말라. 그리스도인이 되지 않는 것이 훨씬 더 실용적인 사람이 되는 길이다. 그리스도인들은 실리를 추구하는 순간에 영적으로 패배하게 된다. 진실로 주님께만 충성하려면 실리를 고려하지 말라. 우리 주님의 삶을 예로 들어 보자. 주님께서 3년 동안 하신 일은 말씀을 전파하며 병을 고치시기 위해 이곳저곳 다니신 것 밖에 없다. 성공과 기업의 관점에서 보면 주님의 삶은 아무 실리가 없는 삶이다. 만일 이 시대의 사람들이 우리 주님과 주의 제자들의 삶을 본다면 가장 실리가 없는 삶을 사는 사람들이라고 말할 것이다.

    영적인 일들은 "무슨 유익이 있을까"라는 선상에서 고려될 수 없다. "성경을 체계적으로 배우면 무슨 실리적인 유익이 있겠어? 성경심리학과 성경 윤리학을 배우면 어떤 유익이 있지? 당장 유익이 될 만한 일을 하자!" 이런 자세에는 언제나 큰 위험이 있다. "차선은 언제나 최선의 원수이다." 산 정상에서의 경험은 드문 순간들이다. 그러나 하나님의 목적을 위하여 의미가 깊은 순간들이다. 먼 훗날 베드로가 서신들을 쓰는 때가 되어서야 그는 변화산 상의 체험이 무엇을 목적으로 발생하였던 것인지 충분하게 깨닫게 되었다벧후 1:16-21.

정상에서 내려와 낮아졌을 때

> "무리 중의 하나가 대답하되 선생님 말 못하게 귀신 들린 내 아들을 선생님께 데려왔나이다 귀신이 어디서든지 그를 잡으면 거꾸러져 거품을 흘리며 이를 갈며 그리고 파리해지는지라 내가 선생님의 제자들에게 내쫓아 달라 하였으나 그들이 능히 하지 못하더이다"막 9:17-18.

제자들이 정상에서 내려와 계곡에서 처음 만난 것은 귀신 들린 소년이었다. 우리는 마귀로 가득 찬 계곡에서 살아야 한다. 하나님께서는 아담을 창조하실 때 산 정상에서 살도록 창조하지 않으셨다. 주님은 아담을 흙으로 만드셨으며 그 사실은 아담의 영광이었다.

산꼭대기는 예외적인 체험을 나타낸다. 우리는 계곡으로 내려와 살아야 한다. 매번 정상에 오를 때마다 우리는 다시 신속하게 우리가 속한 곳으로 내려와야 한다. 우리가 속한 계곡에는 아름다운 것도, 시적인 것도, 영적인 것도, 황홀한 것도 없다. 산 정상의 높이는 단조롭고 지겨운 계곡의 깊이와 비례한다. 산 정상은 하나님의 영광을 위하여 '사는 곳'이 아니다. 우리는 그곳에서 주의 영광을 '본다.' 우리가 주의 영광을 위하여 살아야 하는 곳은 어두운 계곡이다. 주님께서는 가장 높은 정상에서 이 땅의 계곡으로 내려오셨다. 그리고 가장 낮은 십자가로 가셔서 그곳에서 영광을 얻으셨다. 우리는 영광스러운 산 정상에서 내려와 계곡의 단조롭고 딱딱한 삶으로 들어가야 한다.

하나님 앞에서 우리의 참된 가치를 발견하게 되는 곳은 우리가 정상에서 내려와 낮아지는 때이다. 그곳에서 우리의 진실함이 입증된다. 사람들이 알아주는 뭔가 영웅적인 일을 하는 것은 쉽다. 그러나 하나님께서 우리에게 원하시는 것은 칙칙하고 일상적인 계곡에서 주님과 깊은 인격적인 관계를 유지하며 사는 것이다. 우리는 환상적인 방법으로 헌신을 하면서 뭔가를 이루고 싶어 한다. 그러나 그러한 방법은 하나님의 은혜의 역사가 아니라 우리 자신의 마음속의 본성적인 이기심일 뿐이다. 우리는 모두 영웅적인 일들을 할 수 있다. 그러나 당신은 아무런 멋진 것이 없고 재난이 가득하며 모든 것이 천박하고 지루하고 따분한 계곡에서 살아갈 수 있는가? 그곳이 바로 예수 그리스도께서 그분의 삶의 대부분을 보내셨던 곳이다. 우리가 계곡에서 살아야 하는 이유는 대부분의 사람들이 계곡에서 살기 때문이다. 만일 이 세상에서 하나님께 쓰임 받기를 원한다면 우리는 자신의 관점이나 다른 사람의 관점이 아닌 오직 하나님의 관점에서 유용해야 한다.

"무엇을 하실 수 있거든 우리를 불쌍히 여기사 도와주옵소서"막 9:22. 이러한 의심의 기도를 드리는 것이 우리가 계곡에 있을 때의 형편이다. 우리는 그곳에서 하나님을 확신하지 못하고 의심하게 된다. 이 세상에서 하나님과 동행하며 주를 섬기기 위해 가장 중요한 것은 우리 마음속에서 의심의 뿌리를 뽑아내는 것이다. 이 뿌리를 뽑기 위해 우리는 반드시 계곡에 있어야 한다. 당신의 경험을 돌아보라. 주님이 어떤 분이신지 알기 전까지는 당신은 주님의 능력에 대하여 냉소적인 회의론자였다. 당신이 산 정상에 있었을 때는 그 상태가 당신의 이기적인 본성과 잘 맞았기 때문에 무엇이든지 믿을 수 있었다. 그러나 계곡에서는 모든 것이 당신 생각대로 진행되지 않으며 당신의 질문에 대해서도 대답이 없다. 그러할 때 당신은 어떻게 하는가? 아마 당신은 자신이 어떻게 구원 받게 되었는지를 완벽하게 간증할 수 있을 것이다. 하지만 당신을 낮아지게 만드는 상황에 대해서는 어떠한가? 만일 삶 속에서 아직 당신을 낮추는 사건이 없었다면 나는 당신이 정말로 예수 그리스도와 인격적인 참된 관계를 맺고 있는지 묻고 싶다.

우리는 주님의 고난을 나누도록 부름 받았다. 우리가 겪는 매우 큰 고통 중 일부는 예수님께서 무력하게 계셨던 곳에서 우리도 무력하게 있어야 하는 것이다. 만일 우리 주님께서 일반적인 사람이었다면 귀신 들린 소년을 당장 치료하셨을 것이다. 그러나 주님은 그 소년의 아버지가 절망의 끝에 설 때까지 기다리셨다. "무엇을 하실 수 있거든 우리를 불쌍히 여기사 도와주옵소서"막 9:22. 나도 주님처럼, 주께서 다른 사람들을 위해 무엇을 하실 수 있는지를 보기 위해 예수 그리스도를 믿는 가운데 그들이 절망의 마지막 자리까지 가는 것을 가만히 두고 보며 인내할 수 있는가?

우리는 하나님이 원하지 않으시는 간섭을 할 때가 수없이 많다. 우리는 하나님이 혹독하게 보이시는 것을 참을 수 없다고 말한다. 그러나 하나님께서는 우리의 관점에서 볼 때 혹독하게 보여야 한다. 우리는 예수님의 제자들로서 예수님께서 변화산 상에서 어떠하셨는지를 배워야 할 뿐 아니라 낮은 계곡에서는 어떠하셨는지도 배워야 한다. 낮은 계곡에서는 한동안 예수님의 능력이 거짓말 같고 제자들은 무력해 보인다. 주께서는 아무것도 행하지 않으시는 것처럼 보인다.

사역을 해야 할 때

> "이르시되 기도 외에 다른 것으로는 이런 종류가 나갈 수 없느니라"막 9:29.

마지막으로 하나님과 함께 산 정상에 있을 때 당신은 하늘과 땅의 모든 능력이 예수 그리스도께 주어지는 장면을 보았다. 이제 당신은 낮은 계곡으로 내려왔다. 그 계곡에서 당신은 회의적인 사람이 되겠는가? 당신은 당신을 계속 곤란하게 만드는 문제를 가지고 하나님께 나아갔다. 그러나 아무 역사도 발생하지 않는다. "우리는 어찌하여 능히 그 귀신을 쫓아내지 못하였나이까"막 9:28. 우리 주님께서는 현상을 서술하는 질문에 대하여 결코 답변하지 않으신다. 그 이유는 그 대답은 바로 예수님과의 인격적인 관계에 있기 때문이다. "이르시되 기도 외에 다른 것으로는 이런 종류가 나갈 수 없느니라"막 9:29. 즉, 주님께만 계속 집중해야 한다는 말씀이다. 기도와 금식은 하나님께 집중하는 것을 의미한다. 하나님께 집중하는 것이 우리가 이 세상에 존재하는 유일한 목적이다.

현재 교회에서 외치는 "이렇게 하시오, 저렇게 하시오"라는 잡음에서 당신의 귀를 떼라. 예수님은 절대로 그렇게 말씀하지 않으셨다. 예수님께서는 "이렇게 저렇게 되어라. 그러면 나는 너를 통하여 일할 것이다"라고 말씀하셨다. 혹시 당신은 주님께 "무엇을 하실 수 있거든"막 9:22이라고 말씀드리고 있는 것은 아닌가? 주께서는 "할 수 있 거든이 무슨 말이냐 믿는 자에게는 능히 하지 못할 일이 없느니라" 고 대답하신다. 마침내 소년의 아버지는 예수님과의 인격적인 관계 가 가장 중요하다는 사실을 깨달았다. "내가 믿나이다 나의 믿음 없 는 것을 도와주소서"막 9:24. 주님을 모른 채 주를 위해 일한다고 나서 는 사람들이 결국 하나님을 비방하게 된다.

우리는 독수리의 날개를 가지고 하늘을 날 수 있어야 한다. 그러 나 우리는 또한 내려올 줄 알아야 한다. 성도의 능력은 내려오는 데 에서 나타나고 내려온 곳에서 살아갈 때 나타난다. 바울은 "내게 능 력 주시는 자 안에서 내가 모든 것을 할 수 있느니라"빌 4:13고 말하였 다. 바울이 "할 수 있다"고 말한 내용이 무엇인지를 살펴보라. 궁핍, 비천, 배고픔 등 모두 낮고 천한 상태의 내용들이다. 우리는 영웅처 럼 인정받고 싶은 선상에서 하나님을 섬기려고 한다. 그러나 주님께 서는 우리가 아무도 알아주지 않는 일들을 순교의 정신으로 섬기기 를 바라신다. 예수 그리스도께 큰 만족이 되는 때는 언제나 낮은 곳 에서 지낼 때이다. 그러나 아쉽게도 대부분의 사람들은 낮아지기를 거부하고 이렇게 말하곤 한다. "싫어. 나는 하나님과 계속 정상에 있 기를 원해." 당신은 하나님께서 당신의 상황을 주관하신다고 믿는 가? 내가 접하는 모든 사람들 또한 주님께서 친히 내게 인도하신 사 람들임을 믿는가? 정말로 내가 경험하는 모든 일들이 주님의 완전한 주권과 통치 아래에 있다고 믿으면서 어떤 상황에서든 주께 충성하는가? 가끔 우리를 멸시하는 사람들과의 만남을 통해서도 주의 뜻이 완벽하게 이루어진다고 인정하는가?

당신은 직접 어려움들을 겪고 있다. 또한 외적 상황은 아무런 변화가 없다. 하지만 당신은 예수 그리스도께 집중하는 가운데 당신에게 참된 자유함이 주어진 것을 안다. 우리는 예수님과 우리 사이에 아무것도 걸리는 것이 없도록 주의해야 한다. 만일 있다면, 당장 해결하라. 해결 방법은 화를 내며 무시한다고 되는 것도 아니고 인간의 힘으로 애쓴다고 되는 것도 아니다. 오직 그 문제를 직면하고 문제 그대로 예수님의 발 앞에 내려놓아야 한다. 그러면 그 문제 자체와 그 문제를 해결하는 과정 속에서 주께서 당신을 통해 영광을 받으신다. 당신은 당신이 주를 뵙게 되는 때 이 사실을 알게 된다.

우리가 우리의 삶을 이러한 각도로 바라볼 때 예수님께서 말씀하신 의미를 이해하게 된다. "나를 믿는 자는 성경에 이름과 같이 그 배에서 생수의 강이 흘러나오리라"요 7:38. 왜 우리는 주의 말씀을 무시하는가? 왜 예수님보다 사람에게 인정받으려고 봉사하는가? 우리는 어린아이 같은 자세를 가지고 예수 그리스도와 인격적인 관계를 유지해야 한다. 당신이 겪는 모든 상황 가운데, 모든 만남 속에서 조금도 곁길로 빠지지 말고 주님과의 관계를 지속적으로 유지하도록 하라. 이것이 '기도와 금식'이 의미하는 바이다.

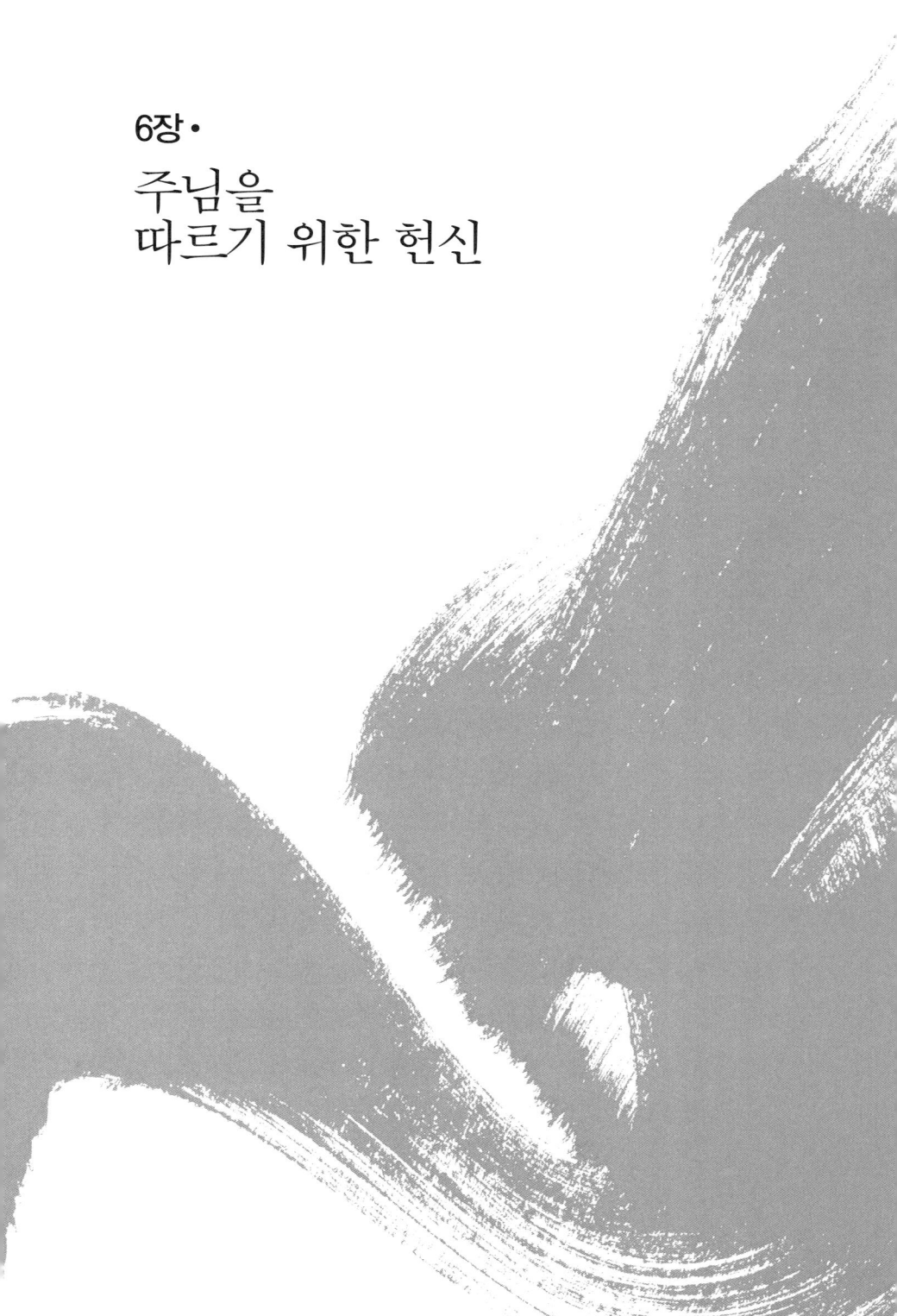

6장 •
주님을 따르기 위한 헌신

하나님의 생명을 따르는 자들

"그러므로 사랑을 받는 자녀같이 너희는 하나님을 본받는 자가 되고"엡 5:1.

누군가를 따를 때 가장 중요한 자세는 자신의 방법을 주장하지 않는 것이다. 그 이유는 만일 내 주장을 하며 주도권을 잡으면 이는 누군가를 더 이상 따르는 것이 아니기 때문이다. 이 세상의 모든 것은 우리가 어떤 주도권을 취하느냐에 달려 있다. 그러나 하나님을 따르는 자들이라면 우리가 주도권을 취해서는 안 된다. 스스로 할 일을 택하거나 앞으로 무엇을 할 것이라고 말해서도 안 된다. 우리는 그러한 것을 알 필요가 없으며 그냥 따라가면 된다.

"예수께서 이르시되 … 너는 나를 따르라"요 21:22. 주님께서 우리에게 행하라고 말씀하신 모든 것들은 솔직히 본성적으로 행하기에 불가능한 것들이다. 우리가 본성적으로 하나님의 자녀가 되는 것이 불가능하듯이, 원수를 사랑하고 용서하며 거룩해지고 청결해지는 것도 결코 자연스럽게 이루어질 수 없다. 더욱 확실한 것은 우리의 본성으로는 하나님을 따른다는 것이 불가능하다는 사실이다. 결과적으로 우리가 인식해야 할 가장 중요한 근본적인 사실은 거듭나야 한다는 것이다. 우리는 이 필요를 근본적으로는 인식한다. 그러나 우리는 현실 속에서도 이 사실을 인식할 수 있어야 한다. 즉, 영적인 일들과 관련해서 우리는 주도권을 잡으면 안 된다. 우리는 자신의 결정을 내려서는 안 되고 그 대신 "어린 양이 어디로 인도하든지 따라가는"계 14:4 자들이어야 한다. 만일 주님께서 아무데도 가지 않으시면 우리도 멈춰야 한다.

우리 주 예수 그리스도를 따른다는 것은 주님을 추종하는 자들을 따르는 것이 아니다. 바울은 "그가 너희로 하여금 … 나의 행사 곧 내가 각처 각 교회에서 가르치는 것을 생각나게 하리라"고전 4:17고 말하였다. 이때 그는 조심스럽게 "그리스도 예수 안에서"라는 내용을 추가하고 있다. 즉, 성도들의 모든 발걸음을 따르는 것이 아니라 그들이 "그리스도 예수 안에서" 주님을 따랐던 것에 한하여 따르라는 말씀이다. '따른다'는 가장 중요한 의미는 하나님의 자녀이기에 "자녀로서" 따르는 것이지 원숭이처럼 흉내 내라는 뜻이 아니다.

"그 안에 생명이 있었으니"요 1:4. 주님께서는 우리에게 애매하게 말씀하지 않으신다. "하나님을 따르는 자들이 되라"는 말은 매우 애매하게 들린다. 그러나 예수 그리스도께서 하나님의 생명이신 사실을 깨닫는다면, 우리는 우리가 선 곳을 알게 된다. 주님이 바로 우리가 본받고 따라야 하는 분이시다. 그러나 그렇게 하기 전에 반드시 우리는 먼저 거듭나야 하고 성령을 받아야 한다. 그 후 성령 안에서 행한다. "누구든지 그리스도의 영이 없으면 그리스도의 사람이 아니라"롬 8:9.

- 기쁨 가운데서
  "내가 이것을 너희에게 이름은 내 기쁨이 너희 안에 있어 너희 기쁨을 충만하게 하려 함이라"요 15:11.

만일 예수 그리스도께서 하나님의 생명이시고 우리가 주님을 따라야 한다면, 우리는 주의 기쁨이 무엇인지를 찾아내야 한다. 주의 기쁨은 분명히 '행복'은 아니다. 주 예수 그리스도의 기쁨은 정확하게 주께서 오신 목적을 행하시는 것이다. 주님께서 오신 가장 주된 이유는 사람을 구원하기에 앞서 아버지의 뜻을 이루는 것이었다. 사람을 구원하는 것은 아버지의 뜻을 이룸으로써 나타나는 자연스러운 결과였다. 우리 주님의 가장 위대한 단 한 가지 순종은, 사람의 필요에 따른 것이 아니라 하나님 아버지의 뜻에 따른 것이었다. 주께서는 "아버지께서 나를 세상에 보내신 것같이 나도 그들을 세상에 보내었고"요 17:18라고 말씀하신다. 주님께서는 우리의 은사를 따로 구별하여 드리라고 말씀하지 않고 우리 자신을 다 드리라고 말씀하신다.

풀잎부터 시작하여 그 어떤 피조물이든 그 기쁨은 만들어진 목적을 이루는 데 있다. 우리의 목적은 주의 영광의 찬송이 되는 것이다엡 1:12. 사람들의 영혼을 얻거나 그들에게 착한 일을 하는 것은 자연스러운 결과이지, 우리가 그 목적을 위해 이곳에 있는 것은 아니다. 이 부분에서 많은 사람들이 주를 따르는 것을 멈춘다. 주께서 우리를 다른 사람을 향한 축복으로 사용하는 한, 우리는 하나님을 따를 것이다. 그러나 하나님께서 그렇게 하지 않으실 때 우리는 하나님을 더 이상 따르지 않을 것이다. 주께서 자신의 인생을 평가하실 때 다른 사람들에게 얼마나 축복이 되었는가 하는 것으로 평가하셨다고 하자! 그렇다면 예수님께서 수없이 많은 사람들에게 '걸림돌'이 된 사실을 어떻게 설명하겠는가? 실제로 주님은 그 당시 이웃 사람들과 유대 민족에게 큰 걸림돌이 되셨다. 그들은 예수님이 그들 앞에 나타남으로 인하여 성령을 모독하는 자리에까지 서게 되었다. 주께서는 주의 고향에서는 "그들이 믿지 않음으로 말미암아 거기서 많은 능력을 행하지 아니하셨다"마 13:58. 만일 우리 주님께서 주의 삶을 현실적인 결과로 평가하셨다면 주의 삶은 비참으로 가득하였을 것이다.

우리가 하나님을 따르는 대신에 기독교의 일과 일꾼들을 따른다면 이는 앞뒤가 바뀐 것이 된다. 우리는 주님을 향한 열정보다 영혼들을 향한 열정에 훨씬 더 많은 관심이 있다. 우리는 주께서 하나님을 향해 열정을 가지신 것처럼 똑같이 그리스도를 향해 열정을 가져야 한다. 하나님의 생명은 우리 주 예수 그리스도 안에서 나타났다. 주님은 아버지의 뜻을 행하기 위하여 오셨다. 이와 마찬가지로 우리가 주를 따른다면 하나님께서 우리를 전방에 두시든 후방에 두시든 개의치 않게 된다. 우리가 이 점을 이해하게 될 때 드디어 주님의 기쁨이 우리의 것이 된다. 그 이유는 우리가 중생하게 된 목적을 이루고 있기 때문이다. 사람들을 많이 모으려는 열정은 절대로 성경에서 나온 개념이 아니라 단지 종교 상업주의이다. 우리가 만일 이러한 열정에 사로잡히게 되면 주님의 기쁨은 결코 우리의 것이 될 수 없다. 언제나 유혹의 덫을 남기는 흥분된 기쁨만 남을 뿐이다.

하나님께서 주의 '아들'을 위해 상황을 조성하셨던 것처럼 우리의 상황을 조성하신다. 우리가 행해야 하는 모든 것은 하나님께서 우리를 두신 곳에서 주를 따르는 것이다. 우리 대부분은 스스로 자기 위치를 정하느라 바쁘다. 그러나 하나님은 우리가 주를 기다리는 동안에 상황을 바꾸신다. 당신은 당신의 창조된 목적, 즉 하나님을 영화롭게 하는 목적을 이루고 있는가? 하나님을 영화롭게 한다고 해서 반드시 행복해지는 것은 아니다. 행복이란 유치하고 이기적이며 세상적인 것이다. 어린이들은 현실을 직면하지 않기 때문에 그들이 행복을 느끼는 것은 자연스럽다. 그러나 행복만을 느끼는 그리스도인이 있다면 그는 눈먼 그리스도인이다.

하나님의 생명은 사람의 칭찬을 바라지 않는 평강으로 그 기쁨을 나타낸다. 어떤 사람이 자기가 하나님의 말씀을 전했다는 것을 알 때 그는 자신 안에 그의 창조된 목적이 완성된 증거를 당장 얻게 된다. 즉, 그 사람의 마음속에 하나님의 평강이 임한다. 이때 그 사람은 사람들의 칭찬이나 비난을 개의치 않게 된다. 이것이 하나님의 생명의 기쁨이다. 이 생명은 아무도 짓누를 수 없는, 언제나 기쁨으로 가득 찬 생명이다.

- 판단 가운데서(요 3:16-21 참조)
  "진리를 따르는 자는 빛으로 오나니"요 3:21.

우리는 현실적인 삶 속에서 언제나 빛 가운데 있어야 한다. 무슨 잘못을 행한 후에 왜 그것을 행하였는지를 변명하려고 할 때 우리는 더 이상 빛 가운데 있지 않게 된다. 우리 주님의 모습 중 대단히 중요한 것은 주께서 그 어떤 것도 변명하지 않으셨다는 점이다. 주님은 언제나 빛 가운데 다니시면서 제자들의 실수에 대해 제자들 스스로 고쳐나가도록 하셨다. 우리에게도 일그러지고 잘못된 많은 것들이 있다. 하지만 계속 하나님을 따른다면 우리는 빛 가운데 머물게 된다. 그러나 "나는 구원을 받았으며 거룩하게 되었으니 다 괜찮겠지"라고 하면 당장 영적 어두움이 찾아온다.

빛 가운데 걸을 때는 자신을 변명하려는 소욕이 사라진다. 즉, 하나님 앞에서 "내가 이렇게 하려고 한 것은 아니었습니다"라고 말한다든지, "그런 의도는 없었는데 어쩌다 실수한 것입니다"라고 변명하지 않는다. 그 대신 하나님 앞에 아무것도 숨기지 않고 자백한다. 그 후 언제나 빛으로 나아와 빛 가운데 거한다. 우리는 계속적으로 하나님의 판단 가운데 거할 것이다. 그때마다 우리는 하나님 앞에 정직하게 자백하며 다시 빛 가운데 들어간다. 결과적으로 우리의 삶 속에는 계속 진행되는 정죄함이 있을 수 없다. "그러므로 이제 그리스도 예수 안에 있는 자에게는 결코 정죄함이 없나니"롬 8:1. 이는 언제나 빛 가운데 거하는 것을 의미한다.

신자의 위험은 언제나 행위와 교리로 치중하는 데 있다. 교리란 교훈을 목적으로 하나님의 생명에 대해 간단히 진술한 것이다. 하나님의 생명을 따르는 대신에 교리에 대한 자신의 확신을 따르지 않도록 늘 주의하라. 우리 주님께서는 "판단하지 말라"고 하셨고, 바울은 "우리가 천사도 판단할 것이라"고 하였다. 우리 주께서 말씀하신 바는 일반적인 논리나 육에 속한 의심으로 판단하지 말고 빛에 거하라는 의미이다. 우리가 빛 가운데 다닐 때 심지어 천사들도 판단할 것이다. 이는 판단도 하나님의 생명을 따라 해야 한다는 말씀이다.

- 예루살렘에서

    "보라 우리가 예루살렘으로 올라가노니"눅 18:31.

예루살렘은 우리 주님의 삶 가운데서 하나님 아버지의 뜻을 현실적으로 완성한 장소이다. 주님은 사람들이 풍성한 축복을 누리는 마을에 오래 머물지 않으셨다. 주님은 칭찬이나 비방을 상관하지 않으시고 꾸준히 예루살렘으로 올라가셨다. 우리도 마찬가지여야 한다. 우리는 우리 현실의 삶 속에서 하나님의 목적을 이루어야 한다. 우리는 '하나님의 생명'을 따르는 자들로서 이곳에 있다. 우리 자신을 위해 '하나님의 생명'을 취하는 것과 주를 위해 자신을 드리는 것은 상반되는 것이다. 만일 "내 몸을 위해 하나님의 생명을 원합니다"라고 말한다면 우리는 당장 궤도에서 벗어나게 된다. 즉, 하나님께서 내 몸을 마음껏 사용하시도록 나를 드려야지, 내가 내 몸을 위해 하나님을 좌지우지하려고 해서는 안 된다.

하나님께서는 신성한 능력으로 건강을 돌려주기도 하신다. 그러나 그 목적은 주의 능력으로 회복한 사람을 훌륭하게 보이게 하기 위함이 아니다. 우리는 하나님의 생명을 따라야지, 그 생명을 이용하려고 해서는 안 된다. 우리는 우리 안에 있는 하나님의 생명이 침체되도록 해서는 안 되며, 우리 자신은 전시장에 진열되어야 할 특별한 존재라고 생각해서도 안 된다. 만일 하나님께서 우리를 치유하시고 건강하게 해 주셨다면, 이는 그 사건을 떠들썩하게 하여 자랑하기 위함이 아니라 하나님의 목적을 위해 내 안에 계신 하나님의 생명을 따르도록 하기 위함이다. 우리는 우리의 '예루살렘'이 어디인지 알지 못한다. 그러나 우리는 그곳으로 올라가야 한다. 그곳에 오르는 유일한 길은 애써 찾는다고 발견되는 것이 아니라 오직 하나님의 생명을 따를 때 그 길로 가게 되어 있다.

하나님의 사랑을 따르는 자들

"내가 확신하노니 사망이나 생명이나 천사들이나 권세자들이나 현재 일이나 장래 일이나 능력이나 높음이나 깊음이나 다른 어떤 피조물이라도 우리를 우리 주 그리스도 예수 안에 있는 하나님의 사랑에서 끊을 수 없으리라"롬 8:38-39.

예수 그리스도는 하나님의 사랑의 성육신이다. 인간의 공의, 옳음, 진리, 청결 안에서 하나님의 사랑을 찾을 수 없다. 하나님의 사랑은 예수 그리스도시다.

- 충성함으로

"그리스도께서 우리를 자유롭게 하려고 자유를 주셨으니 그러므로 굳건하게 서서 다시는 종의 멍에를 메지 말라"갈 5:1.

충성은 사랑하는 하나님 또는 하나님의 사랑과 관련되기 보다 우리를 위한 예수 그리스도의 구속과 관련된다. "그러므로 땅에 있는 지체를 죽이라 곧 음란과 부정과 사욕과 악한 정욕과 탐심이니 탐심은 우상 숭배니라"골 3:5. "내가 구원 받고 거룩하게 된 이후에는 이러한 더러운 것들이 내 안에 없습니다"라고 말하는 사람들이 있다. 그러나 이러한 더러운 것들이 성도들 안에 있을 수 있다. 그 이유는 우리의 몸은 성령의 전이지만 육체가 그 정욕에 따라 사용되는 경우가 있기 때문이다. 그러므로 성도들은 그들의 몸 안에 있는 예수 그리스도의 성향에 완벽하게 충성해야 한다. 육체의 지체를 '죽이는 것'은 '돌보지 않고 무시함으로' 파괴시키는 것을 의미한다. 뭔가 과도한 것이 안으로 들어올 때 그것을 탐지하는 것은 쉽다. "그런즉 내가 어찌 이 큰 악을 행하여 하나님께 죄를 지으리이까"창 39:9. 요셉이 여기에서 의미하는 바는 하나님의 사랑이 자신을 억제시켰다는 것이다.

하나님의 사랑을 계속 따를 수 있는 유일한 방법은 주 예수 그리스도께 충성하는 것이다. 만일 죄의 문제를 현실 속에서 구원해야 하는 실제 문제로 보지 않고 단지 신학적인 질문으로 만들면 우리는 교리 추종자가 된다. 교리를 가장 앞세우면 어느새 우리는 자신이 어디에 서 있는지를 모른 채 죄에 속아 넘어가게 된다. 또한 만일 우리가 현실적 체험을 취하여 그 체험을 진리로 삼고 그 위에 우리의 믿음을 세우면 우리는 당장 잘못된 길로 가게 된다. 거룩을 교리적으로 따지게 되면 거룩은 매우 무서운 형벌과 연결된다. 법적으로는 맞을 수 있어도 그러한 거룩에는 하나님의 사랑이 전혀 고려되어 있지 않다. 바울의 표현처럼 '진리의 거룩'이 가장 옳다.

- 자유함으로

  "그러므로 아들이 너희를 자유롭게 하면 너희가 참으로 자유로우리라"요 8:36.

"참으로 자유로우리라"는 말씀은 내면으로부터의 자유를 말한다. 예수께서 말씀하신 자유는 결코 방종이 아니다. 언제나 참된 자유이다. 참된 자유는 하나님의 법을 지킬 수 있는 능력을 의미한다. 하나님의 법은 예수 그리스도의 삶을 통하여 완성되었다. 그러므로 주님은 하나님 사랑의 '표현'이다. 만일 내가 주 예수 그리스도 안에서 나타난 하나님의 사랑을 따르고 있다면, 또한 주님이 나를 내면으로부터 자유하게 하셨다면, 나는 주님을 따르는 데 힘쓰게 될 것이다. 이러한 삶은 하나님의 다른 자녀들을 이용하여 자기의 유익을 구하는 일이 없다.

- 낮아진 상태에서

    "오히려 자기를 비워 종의 형체를 가지사 사람들과 같이 되셨고 사람의 모양으로 나타나사"빌 2:7-8.

하나님의 사랑을 따르려면 우리는 종의 자세를 가져야 한다. "너희 안에 이 마음을 품으라 곧 그리스도 예수의 마음이니"빌 2:5. 이 말씀은 명령이다. 하나님께서는 우리에게 그리스도의 마음을 주지 않으시고 그리스도의 영을 주신다. 우리는 우리 안에 계신 그리스도의 영께서 현실을 접하는 우리의 두뇌를 통해 일하시도록 해야 한다. 그렇게 함으로써 우리는 그리스도의 마음을 품어가게 된다. 예수 그리스도는 강제로 낮아지신 것이 아니라 스스로 낮아지셨다. 주님은 하나님과 동등하시지만 자기를 비어 종의 형체를 지니셨다. 우리 중 어떤 사람은 가장 귀한 '겸손'의 덕목을 가장 악한 '교만'으로 만드는 경우도 있다. 자기 주장을 하기 위하여 주도권을 잡으려고 하는 것은 하나님의 사랑과 전혀 무관한 것이고, 그러한 모습은 예수 그리스도의 생애 가운데서 한 번도 나타난 적이 없다.

사람들은 고상하고 아름다운 인간적 희생에 감동을 받는다. 갈보리 십자가보다 훨씬 더 감동을 느낀다. 오히려 갈보리 십자가를 부끄러워한다. 갈보리 십자가는 인간이 생각하는 고상함과는 거리가 멀다. 이와 같이 하나님의 사랑은 인간의 기준과 조화롭지 않다.

어린양을 따르는 자들

"어린양이 어디로 인도하든지 따라가는 자며"계 14:4.

- 깨끗함 가운데

"주를 향하여 이 소망을 가진 자마다 그의 깨끗하심과 같이 자기를 깨끗하게 하느니라"요일 3:3.

우리는 더러움으로 가득 찬 이 땅의 현실 속에서 예수 그리스도를 따라야 한다. 그럼에도 우리에게 소망이 있으니 그것은 "우리가 그와 같을 줄을"요일 3:2 아는 것이다. 따라서 우리는 자신을 깨끗하게 해야 한다. 우리가 더러워질 수 있는 가능성이 있는 이 땅에서 깨끗하다는 것은 예수 그리스도께 가치 있는 존재가 된다는 뜻이다. 하나님께서는 우리에게 주님의 초자연적인 생명을 주시지만, 하나님께 가치 있는 존재가 되기 위해서는 우리 스스로 온 힘을 다해 이 세상에 물들지 않고 자신을 깨끗하게 해야 한다. 우리는 청결함 가운데 자라나야 한다.

만일 어떤 사람이 자신 안에 성령께서 내주하시고 또한 자기는 예수 그리스도의 본을 따라 걸어야 한다는 것을 깨닫지 못한다면, 그의 육체는 기회를 보아 그를 죄의 덫에 빠지게 할 것이다. 사람을 매우 더럽게 하는 것 중 하나는 돈 문제이다. 당신은 돈과 관련하여 어린양께서 말씀하신 그대로 행하며 따르는가? 만일 따른다면 '주께서 깨끗하심같이' 우리도 깨끗해진다. 우리는 우리 안에 계신 성령의 깨끗함을 우리의 모든 구체적인 현실 속에서 나타내야 한다. 우리는 하나님의 솜씨를 나타내는 도구가 되어야 하지, 우리가 먼저 하나님을 위하여 일하겠다고 나서서는 안 된다. "오직 성령이 너희에게 임하시면 너희가 권능을 받고 예루살렘과 온 유대와 사마리아와 땅끝까지 이르러 내 증인이 되리라"행 1:8. 주님은 그들 안에서 즐거워하신다.

만일 예수 그리스도께서 지금 나타나신다면 당신의 모습은 예수님과 닮아 있는가? 아니면 아직 새까맣게 먼가? 마음이 조급하고 고민이 많은 사람들은 주님께서 깨끗하심같이 자기 자신을 깨끗하게 할 시간이 없다. 이에 대한 변명으로는, 다른 사람들은 할 수 없고 자기가 있어야만 되는 일들이 많다는 것이다. 그것이 사실일지는 몰라도 그렇게 생각하는 순간부터 그는 삶의 목적을 잃게 된다. 성도들이 바라보아야 할 유일한 목표는 우리 주 예수 그리스도시다. 우리는 하나님께서 우리에게 허락하지 않으신 상황에 대해 간섭할 권리가 없다. 믿음은 하나님과 흠 없이 철저하게 바른 관계를 유지하는 것이다. 그렇게 하면 하나님께서 나머지를 책임져 주신다. 우리가 어두움을 지날 때의 모습이 진짜 우리의 모습이다. 그 나머지 때의 모습은 평판일 뿐이다. 하나님께서 보시는 것은 어두움을 지날 때의 우리의 모습이다. 그 때 하나님께서 우리 마음속의 생각들, 감정들, 몸의 습관들을 보시는 것이다.

- 인내함 가운데
"네가 나의 인내의 말씀을 지켰은즉"계 3:10.

인내는 시험을 전제로 한다. 사람 속에 있는 것을 끄집어 내어 시험한다. 끊어지지 않고 얼마나 견디는가를 알아 보기 위하여 팽팽하게 당겨보는 것이다. 바이올린 줄 같은 경우 가장 높은 음은 가장 강하게 당겼을 때 난다. 인내하는 힘이 셀수록 음이 높다. 이와 마찬가지로 인내하는 성도일수록 하나님을 위한 삶의 소리가 곱다. 주님께서는 결단코 우리가 견딜 수 없는 시련을 주지 않으신다. 우리가 '슬픔과 재난과 비참'이라고 말하는 것을 하나님은 '연단'이라고 하신다. 우리 귀에는 불협화음으로 들리는데 하나님께는 아름다운 소리로 들린다. 당신이 꾸지람을 받을 때 실족하지 말라. 주의 연단을 멸시하지 말라. "너희의 인내로 너희 영혼을 얻으리라"눅 21:19. 만일 하나님께서 당신에게 쉼의 시간을 주시면 주님의 치유의 잎사귀 안에서 평안하게 쉬라.

- 능력 가운데

"그리스도께서 약하심으로 십자가에 못 박히셨으나 하나님의 능력으로 살아 계시니 우리도 그 안에서 약하나 너희에게 대하여 하나님의 능력으로 그와 함께 살리라"고후 13:4.

하나님의 능력은 이방 로마인들이 전혀 주목하지 않았던 아주 평범한 목수인 예수 그리스도 안에서 드러났다. 세상에서는 불신자들의 덕목들이 칭찬을 받고 기독교의 덕목은 멸시를 받는다. 당신은 '주 안에서 약한 자'가 될 것을 각오하는가? 그럴 경우 우리는 세상 사람들에게 '약한 자'로 보이지만, 우리는 "하나님의 능력으로 주와 함께 살게 될" 것이다.

당신은 어린양이 어디로 가든지 따라가겠는가? 주님은 당신을 어둠과 그늘진 계곡, 낯선 음침한 곳을 지나게 하실 것이다. 그럼에도 우리는 주님이 어디로 가시든 주님만 따라가야 한다.

"이는 보좌 가운데에 계신 어린양이 그들의 목자가 되사 생명수 샘으로 인도하시고 하나님께서 그들의 눈에서 모든 눈물을 씻어 주실 것임이라" 계 7:17.

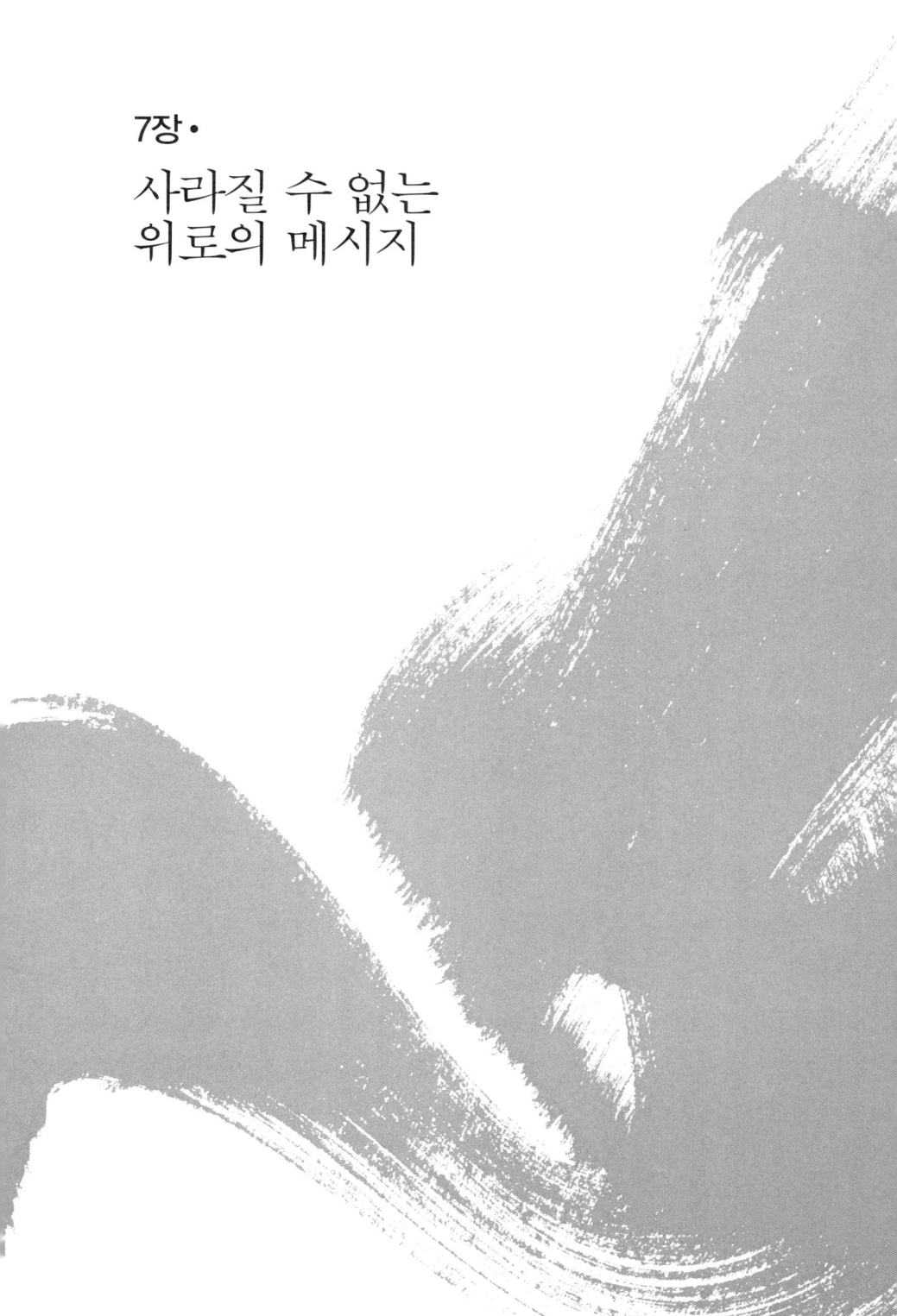

7장·
사라질 수 없는 위로의 메시지

캐슬린의 매일의 기도

아버지, 매일 저를 인도해 주세요.
항상 당신의 가장 향긋한 방법으로 인도해 주세요.
제가 선하고 진실하도록 가르치시고
제가 무엇을 해야 하는지 보여주소서.

_{캐슬린 메리 칠 클락을 추모하며, 1924.12.27 – 1930.9.29:자이툰에서 챔버스의 영향을 받아 변화된 영국 군인. 루이스 R.S. 클락의 딸이다. 루이스 클락은 1차 세계 대전이 끝난 후, 오스왈드 챔버스의 책들을 편찬하는 챔버스 부인을 도와 그 협회에서 오랜 회원으로 있었다. – 역주}

내가 다시 너를 보겠지. 나의 귀한 딸아.
하나님의 이름으로 너를 영원히 사랑하면서,
너를 꼭 껴안을 수 있는 때가 오겠지.
주의 장엄한 생각 어딘가에 이 순간이 있으니
우리는 그때를 기다린다.
그때가 되면 나는 너의 마지막 미소와는 다른 웃음을 보겠지.
너의 모든 것이 마쳐지는 그때에 임한 위대함은,

너의 미소가 아니라 하나님의 영광스러운 평강이었단다.
 - 조지 맥도널드1824-1905. 스코틀랜드의 작가, 시인이며 목사였다.-역주

"그러므로 우리가 낙심하지 아니하노니 우리의 겉사람은 낡아지나 우리의 속사람은 날로 새로워지도다 우리가 잠시 받는 환난의 경한 것이 지극히 크고 영원한 영광의 중한 것을 우리에게 이루게 함이니 우리가 주목하는 것은 보이는 것이 아니요 보이지 않는 것이니 보이는 것은 잠깐이요 보이지 않는 것은 영원함이라"고후 4:16-18.

이 구절에서 사도 바울은 성도의 삶에서 가장 거룩한 실체를 다루고 있다. 우리는 우리의 체험 가운데 즐겁고 행복하며 신나는 것들을 주로 다루다 보니 사도 바울이 이 구절에서 말하는 뼈아픈 삶의 체험들에 대해 잊어버리는 경향이 있다. 바울 자신의 삶은 역사 속에 기록된 많은 고통스러운 삶 중에서 가장 방해가 많고 혼란스러우며 감당할 수 없을 정도로 깨어진 삶이었다.

내면의 세계를 넘어서서

• 겉사람은 낡아지나 속사람은 날로 새롭다.
"그러므로 우리가 낙심하지 아니하노니." 여기서 낙심한다는 뜻은 겁을 먹고 항복한다는 뜻이다. "겉사람은 낡아지나 우리의 속사람

은 날로 새로워지도다." 바울은 하나님께서 우리 안에 넣으신 새사람을 강조하고 있다. 바울은 이 사실에 그의 신뢰를 세워간다. 겉사람이 낡아진다는 것이 반드시 나이 들어 늙어간다는 의미는 아니다. 당신 자신의 삶을 돌아보라. 당신은 거룩해진 경험이 있으며 그리스도 예수 안에서 하늘에 들려 올린 경험도 있다. 그런데 하나님의 손이 당신을 짓누른다. 주님은 부패의 세력이 당신의 몸에 침투하는 것을 허락하신다. 당신은 점점 부패로 인해 밀려난다. 이제 당신의 삶에 남은 것은 아무것도 없다. 그러면 다음과 같은 생각이 당신에게 찾아온다. "그래, 이제는 조용히 숨어 살아야겠다. 과거에 있던 힘이 없으니, 이제는 하나님을 위해 해 보려고 했던 일들을 절대 할 수 없구나." 만일 당신의 마음에 이러한 생각이 깃들고 있다면 그러한 당신을 위한 메시지가 바로 "우리의 겉사람은 낡아지나 우리의 속사람은 날로 새로워지도다"이다.

겉사람이 낡아지는 체험은 꼭 세월이 지난다고 해서 오는 것이 아니라 일반적인 삶의 상황에서도 찾아올 수 있다. 겉사람이 낡아지는 것은 수천만 가지의 방법으로 우리에게 임할 수 있다. 과거에 있었던 힘들이 사라지면 우리는 겁을 먹고 쉽게 항복한다. 물론 은퇴 또는 여러 좋은 이름을 붙이며 물러선다. 오늘날 대부분의 사람들은 '건강한 몸에 건강한 영혼'이라는 문구 아래 열광하고 있다. 그러나 대부분의 경우, "겉사람은 낡아지나 우리의 속사람은 날로 새로워지는" 것처럼, 가장 건강한 영혼을 가진 사람들은 건강한 몸을 가지고 있지 않고, 매우 연약한 몸을 가진 사람이 가장 건강한 영혼을 유지하곤 한다.

　바울도 늙어가고 있었고 연약해지고 있었다. 언제 죽음이 찾아올지 모른다. 그러나 겉사람의 낡아짐에 대해 그는 대항하거나 슬퍼하지 않았다. 바울은 남들보다 더 열심히 수고하면서 그 수고가 자신에게 나쁜 영향을 끼쳐도 움츠린 적이 없다. 그는 주를 위한 힘든 수고가 그의 몸을 좀먹고 있다는 사실을 알고 있었다. 그는 자기 나이보다 더 늙어 보인다는 것도 알고 있었다. 그러나 불평을 한다든지 사역에서 은퇴를 한다든지 하지는 않았다. 바울은 바보가 아니었으며 따라서 어리석게 그의 에너지를 낭비하지 않았다. 그는 참된 사도의 사역 외의 그 어떤 다른 것에 그의 에너지를 낭비하지 않았다. 미켈란젤로가 다음과 같은 멋진 말을 하였다. "조약돌이 더 닳아갈수록 그 모습은 더욱 아름답게 된다." 이 말은 바울이 말한 진리를 잘 설명하는 좋은 예이다. 하나님을 위하여 사용되는 모든 신경과 두뇌는 그만큼의 영적 성장을 가져온다. 영적 근육의 섬유질이 힘을 얻는다.

　훌륭한 사역자를 알아내는 질문이 있다. "내 몸은 하나님을 위해 일하는 가운데 낡아지지만, 속사람은 더욱 하늘로 날아오르는가?" 만일 거룩을 체험한 후 하나님께서 원하시는 삶을 살고자 한다면, 당신은 아무것도 남지 않을 때까지 하나님을 위해 수고할 각오가 되어 있어야 한다. 만일 겉사람이 낡아지는 이유가 무절제한 삶이나 잘못된 습관에 의한 것이라면, 우리는 언제나 의기소침한 채 숨어들게 되어 있다. 특히 우리가 기도와 하나님과의 교제를 포기하면 겉사람은 심각하게 낡아진다. 이러한 경우는 날아오르는 내면의 힘이 생기거나 보람된 영광이 있을 수 없다. 단지 비참만 남게 된다.

　사도 바울은 계속적으로 외적인 압박을 받고 있었다. 여러 고통과 슬픔이 있었고 무서운 핍박과 소요가 그를 위협하였다. 그러나 그는 내면의 영광은 겉사람의 낡음과 비례한다는 비밀을 알고 있었기 때문에, 그의 삶에는 소위 '우울한 날'이 없었다. 그는 실제로 겉사람이 낡아지는 것을 알고 느꼈지만, 모든 외적인 소모는 내면의 성장을 뜻하는 것이기에 속사람은 날로 새로워지고 있었다. 우리 중 어떤 사람은 너무나 편안하고 안락한 삶을 살기 때문에 내적인 성장이 전혀 없다. 자연적인 삶natural life, 챔버스에게 자연적이라는 뜻은 초자연적인 것과 대조되는 개념으로 상식적인 일들, 우리가 먹고 마시는 일들, 인간들과 관련된 일상적인 일들을 의미한다.−역주은 죄를 멀리해야 함은 물론이고 한 걸음 더 나아가 하나님의 말씀과 뜻을 위해 희생되어야 한다. 그렇지 않으면 그 사람에게는 영적인 영광이 있을 수 없다. 우리 중 어떤 사람은 몸은 낡지 않게 애쓰는데 영혼은 침체되고 영적 비전은 흐린 사람이 있다. 그러나 우리가 하늘나라를 맛보고 그곳에 머물며 그 관점에서 수고하게 되면 우리는 우리의 모든 신체적 에너지로, 하나님을 영광스럽게 섬길 수 있게 된다. 또한 몸으로 수고한 만큼의 도덕적, 영적 영광이 언제나 남는다는 것을 발견하게 된다.

성도로서 살아갈 때 우리의 진을 다 빼는 일들 중 하나는 당신의 소망을 이해하지 못하는 사람들이 당신을 불쌍히 여기는 때이다. 그들은 이렇게 말한다. "가여운 사람, 저렇게 고생하니 어쩌지?", "정말 많은 사람들이 당신을 오해하고 있어.", "당신은 그러한 불편한 처지에 처해 있어." 그때 우리가 깨달아야 하는 것은 하나님께서는 우리의 외적 세계가 아니라 내면 세계를 넓히고 계신다는 사실이다. 하나님의 사역을 위하여 우리가 사용하는 모든 신경 에너지는 위엄 있는 영적 영광과 통찰력으로 바뀔 것이다. 주님의 사역을 위하여 우리의 몸이 아무리 지치고 소모되더라도 내면의 속사람은 날개를 달고 더 높이 하나님께 나아가게 될 것이다.

몸과 상관없이 영이 성장할 수 있다는 이방 종교의 개념을 경계하라. 우리의 영혼은 몸과 '관련하여' 성장한다. 바울이 이곳에서 한 말에 의하면, 사역자들의 영적 통찰력이 발전하려면 하나님을 위하여 에너지를 사용해야 한다. 그 이유는 그런 식으로 속사람이 새롭게 되기 때문이다. 물론 이 말의 뜻이 "내 몸이 너무 게으르구나. 끌고 나가서 뭔가를 하도록 해야겠다"라는 개념은 아니다. 하나님의 선상에서 오직 한 가지 목적, 곧 하나님의 목적을 위하여 마지막까지 나의 모든 것을 소모한다는 개념이다. 만일 당신이 영원한 영광보다 당신의 몸이나 몸에 대한 관심을 더 소중히 여긴다면, 당신의 속사람은 결코 성장하지 않을 것이다. 언제나 이 낡은 장막 하나 붙들고 하나님께서 그 몸을 매일 꿰매주시고 고쳐주시기를 기도하게 될 것이다.

그러나 우리 마음이 하나님께서 무엇을 원하시는지를 알고 그 목적을 위해 우리 몸을 다 사용하게 되면, 그때 우리의 속사람은 날개 달린 듯 하늘로 날아오를 것이다.

아름다움을 창조하는 사역

- 대조 방법들
"우리가 잠시 받는 환난의 경한 것이 지극히 크고 영원한 영광의 중한 것을 우리에게 이루게 함이니"고후 4:17.

사도 바울은 그의 신체를 소모시키는 어려운 상황들을 넘어서서 창공을 날고 있다. 그러나 그 고통들을 고상한 척 초연해하는 자세가 아니라 오히려 그 고통들이 자기 안에 만들어 놓을 영광의 중함을 깨닫고 창공을 날고 있다. 만일 당신이 하나님과 바른 관계를 맺은 상태에서 어려운 일들을 당하게 되면 바로 그 어려운 일들이 중하고 영원한 영광을 이룬다. 당신은 이 비밀을 붙들고 있는가? 우리가 당하는 환난은 좋은 사람으로부터 올 수도 있고 나쁜 사람으로부터 올 수도 있다. 그러나 모든 환난 뒤에는 하나님이 계시다. 우리는 바울이 예수 그리스도 안에서 측량할 수 없는 하늘의 영광과 기쁨을 누릴 때마다 그 영광들을 표현할 적당한 단어들을 찾지 못하는 것을 발견하게 된다. 그는 이러한 초월적인 세계를 표현하고자 강한 대조 방법을 사용하고 있다. 예를 들어, '환난'과 '영광', '가벼움'과 '중함', '잠시'와 '영원함'이 대조된다. 나는 당신이 이렇게 대조되는 단어들의 차이가 얼마나 큰지 모두 가늠할 수 있을지 궁금하다.

"생각하건대 현재의 고난은 장차 우리에게 나타날 영광과 비교할 수 없도다"롬 8:18. 바울은 보는 사람의 관점에 따라 모든 것이 달라진다고 말한다. 만일 고난을 불행의 원인으로 생각한다면, 당신은 당신에게 고난이 닥칠 때 묘비에 들어갈 말과 어떤 묘비를 사용할지를 고민하게 될 것이다. 그러나 이는 잘못된 관점에서 고난을 보는 것이다. 만일 당신의 관점이 예수님 안에서 하늘로부터 보는 것이라면, 당신은 당신에게 닥치는 환난을 하나님께서 속사람을 영광스럽게 하시는 가장 놀라운 방법이라고 보게 될 것이다. 따라서 우리는 주께서 우리에게 기대하시는 대로 환난을 기쁨으로 맞이하게 된다요 16:33 ; 약 1:2 ; 벧전 4:12. 우리 주님은 '덩어리채' 진리를 제시하셨다. 사도들은 서신을 통해 이 '덩어리' 진리들을 펼쳐서 사람들에게 나누어 줄 수 있는 정금 같은 진리로 만들었다.

"우리가 잠시 받는 환난의 경한 것이 지극히 크고 영원한 영광의 중한 것을 우리에게 이루게 함이니"고후 4:17. 사람의 관점에서 보면 사도 바울은 뭔가 오해하고 반대로 표현하는 것 같아 보였다. 분명히 환난은 무거운 것이고 영광은 날아가듯 가벼운 것이 아닌가! 그러나 바울의 표현은 옳다. 그는 가벼운 환난으로부터 만들어지는 무거운 영광을 강조하고 있다. 아무튼 당신이 어떤 관점을 취하느냐에 따라 모든 것이 달라진다. 예수 그리스도 안에서 하늘나라의 관점으로 보라. 그러면 환난이 올 때 당신은 억지 웃음이 아니라 모든 진심을 다해 주님을 찬양하게 될 것이다. 그 이유는 주님의 멍에는 쉽고 가볍지만 그 멍에를 지게 되면 영원한 영광이 얼마나 클 것인지에 대한 비밀을 알고 있기 때문이다.

"우리의 잠시 받는 환난의 경한 것이." 바울은 이 내용을 통하여 다음과 같이 말하는 것 같다. "모든 환난이 내게는 문제가 되지 않는다. 그 이유는 영광이 이미 시작되었고 또한 미래에 임하게 될 영광은 내가 당하는 모든 환난에 대해 다 보상해 줄 것이기 때문이다." 육체의 낡아짐 속에서 드러나는 영광의 법칙은 성도 안에서 일하시는 하나님의 아름다운 사역이다. 모든 환난 가운데 가장 큰 위로는 그 환난으로 인해 만들어지고 있는 엄청난 영광을 꾸준히 생각하는 것이다. 바울은 여기서 예수님께서 베드로를 꾸짖으며 던지신 '덩어리' 진리를 펼치고 있다. "주여 그리 마옵소서 이 일이 결코 주께 미치지 아니하리이다 예수께서 돌이키시며 베드로에게 이르시되 사탄아 내 뒤로 물러가라"마 16:22-23. 자기 연민은 언제나 잘못된 관점을 취하게 만든다. 만일 어떤 사람이 어려움 가운데 자기 연민 속에 빠지게 되면, 그는 하나님의 임재의 영광을 향하여 더욱 자라나는 대신에 영적 침체에 빠지게 된다.

복된 비전

- **천상의 암호**

    "우리가 주목하는 것은 보이는 것이 아니요 보이지 않는 것이니 보이는 것은 잠깐이요 보이지 않는 것은 영원함이라"고후 4:18.

거룩하게 된 성도는 다른 사람들의 삶의 시야를 변화시킬 수 있어야 한다. 그는 그들도 하나님의 은혜에 의하여 더 높은 곳, 즉 예수 그리스도 안에서 하늘나라를 체험할 수 있다는 것을 보여줌으로써 그들의 시야를 변화시킬 수 있다. 만일 당신이 해변에서 지평선을 보게 되면 바다를 많이 볼 수 없다. 그러나 벼랑을 따라 올라가 더 높은 곳에서 지평선을 보면 당신의 시야가 넓어지면서 더 많은 바다를 보게 된다. 바울은 하늘나라에 앉아 있다. 그는 그곳에서 하나님의 계획 가운데 펼쳐진 전 세계를 바라보고 있다. 그는 파수꾼같이 미래를 내다본다. 그의 말씀은 승리자가 누리게 될 조용하고 영광스러운 승리의 장면을 선포하고 있다. 우리가 자꾸 곁으로 빠지는 이유는 이러한 전 세계적인 시야가 없기 때문이다. 우리는 '우물 안 개구리'처럼 짧은 안목으로 세상을 본다. 사도 바울은 그 우물을 터뜨리고 나왔다. 그는 그리스도 예수 안에서 새로운 지경으로 올라갔으며 이제 그곳에서 주님의 관점을 가지고 모든 것을 바라본다.

설교자와 사역자는 인생을 전반적으로 볼 수 있어야 한다. 우리가 예수님이 계시는 그곳으로 올려진다는 뜻은 어떤 특이한 최고 정상의 영적 체험을 갖는 것을 의미하는 것이 아니다. 이러한 경우라면 마치 곡예사처럼 한 다리로 잠깐 그곳에 서 있다가 다시 넘어지게 될 것이다. 하나님께서 우리를 올리시는 완전히 새로운 영역에는 우리가 살며 성장할 수 있는 넓은 공간이 있다. 우리는 거기서 주의 관점을 가지고 모든 것들을 이해하게 되고 삶을 볼 때도 전반적으로 보게 된다. 우리는 현재의 영광만 보는 것이 아니라 아직 오지 않은 미래의 영광도 본다.

"우리가 주목하는 것은 보이는 것이 아니요 보이지 않는 것이니." 보이지 않는 것이란 앞으로 오게 될 영광스러운 상급과 영생만 의미하는 것이 아니다. 보이지 않는 것은 우리 주의 교훈의 핵심이며 환난의 핵심적 의미로서 지금 현재의 삶 속에서의 보이지 않는 영적 부분을 의미한다. 대부분의 사람들은 보이는 것들만 생각한다. 그러나 인생 전반에 걸쳐 가장 집중해야 하는 것은 우리가 '산상수훈'이라고 부르는, 주님께서 던지신 큰 '덩어리' 진리이다. 요컨대, 우리 주님은 그 교훈을 통해 "네 삶에 대해 아무런 염려를 하지 말라. 오직 한 가지, 즉 하나님과 너의 관계 외에 다른 어떤 것에도 마음이 빼앗기지 않도록 주의하라"고 말씀하신다. 그러나 우리는 그 반대로 주께서 말씀하신 한 가지, 즉 하나님과 우리의 관계 외에 모든 다른 것들에 신경 쓰는 경향이 있다.

환난은 우리 삶의 보이지 않는 이 핵심 부분을 걸고넘어진다. 우리는 하나님의 내주하시는 성령의 능력으로 환난들을 대할 수 있어야 한다. 만일 우리가 믿음 안에서 주님과 함께 하늘에 앉아 우리에게 발생하는 환난을 본다면 우리는 보이지 않는 세계를 보게 되면서 그러한 환난이 더 큰 영원한 영광을 가져온다는 사실을 발견하게 될 것이다. 미래의 영광만 생각하지 말고 지금 이곳에 있는 보이지 않는 부분들을 생각하라. 당신이 함께 살아가야 하는 까다로운 사람들, 어려운 상황들, 날마다 만나는 사람들을 통해 어떤 중한 영광이 당신의 것이 되고 있는지를 생각하라. 우리가 이러한 빛 가운데서 '은혜의 방편'을 생각할 때 고통이야말로 '은혜의 방편'이라는 매우 새로운 깨달음을 얻게 될 것이다.

사도 바울이 준 말씀고후 4:18은 우리에게 결코 사라질 수 없는 위로를 가져온다. 당신이 하나님의 자녀이고 현재 상황 가운데 당신에게 고난이 있다면, 그리고 당신이 주 안에서 하늘에 앉아 있다면, 당신은 그 고난으로 인하여 하나님께 감사하게 될 것이다. 그러나 만일 당신이 성령 안에서 하늘에 앉아 있지 않다면 계속 반복해서 하나님께 부르짖을 것이다. "오, 주님! 제게서 이 고난을 제거해 주소서. 저는 금으로 만들어진 거리와 천사들로 둘러싸인 편안하고 윤택한 세상에서 살고 싶습니다. 언제나 성령을 제 의식 가운데 체험하도록 해 주시며 모든 것이 놀랍도록 달콤하게 만들어 주소서. 그러면 저는 제가 그리스도인이라고 생각할 것입니다." 하지만 이러한 사람은 그리스도인이 아니다! 그리스도인이란 환난과 요동 가운데서 자신 안에 거하시는 하나님의 영광으로 살아갈 수 있는 사람이다. 그들은 보이는 것들을 보지 않고 보이지 않는 것들을 꾸준하게 보며 앞으로 나아가는 자들이다.

우리는 보이는 상황을 수단으로 보이지 않는 것들에 더욱 집중할 수 있는 자세를 배워야 한다. 하나님께서는 우리의 보이는 상황을 조성하셔서 우리가 과연 하나님 안에 숨겨진 그리스도의 생명으로 살아가는지를 드러내신다. 만일 우리가 그 생명으로 산다면 어떠한 상황에서도 결코 요동하지 않는 평안과 능력과 영광을 누리게 된다. 오히려 외부적으로 어려움과 난관들이 찾아오면 우리는 하늘의 장엄한 영광을 더욱 누릴 수 있는 기회가 왔다고 확신하게 된다.

8장 •
하나님의 일꾼과 처한 상황 그대로

"우리가 하나님과 함께 일하는 자로서 너희를 권하노니 하나님의 은혜를 헛되이 받지 말라 이르시되 내가 은혜 베풀 때에 너에게 듣고 구원의 날에 너를 도왔다 하셨으니 보라 지금은 은혜 받을 만한 때요 보라 지금은 구원의 날이로다 우리가 이 직분이 비방을 받지 않게 하려고 무엇에든지 아무에게도 거리끼지 않게 하고 오직 모든 일에 하나님의 일꾼으로 자천하여 많이 견디는 것과 환난과 궁핍과 고난과 매 맞음과 갇힘과 난동과 수고로움과 자지 못함과 먹지 못함 가운데서도 깨끗함과 지식과 오래 참음과 자비함과 성령의 감화와 거짓이 없는 사랑과 진리의 말씀과 하나님의 능력으로 의의 무기를 좌우에 가지고 영광과 욕됨으로 그러했으며 악한 이름과 아름다운 이름으로 그러했느니라 우리는 속이는 자 같으나 참되고 무명한 자 같으나 유명한 자요 죽은 자 같으나 보라 우리가 살아 있고 징계를 받는 자 같으나 죽임을 당하지 아니하고 근심하는 자 같으나 항상 기뻐하고 가난한 자 같으나 많은 사람을

부요하게 하고 아무것도 없는 자 같으나 모든 것을 가진 자로다"
고후 6:1-10.

우리는 우리가 상황을 바꾸어 놓아야 하지만 그렇게 하지 못하고 있다고 생각한다. 하지만 우리가 변화되려면 처한 상황 속에서 하나님께 신실해야 한다. 하나님께서는 우리의 '처한 상황'을 수단으로 우리를 하나님의 영광이 되도록 만드신다. 우리는 이 지저분한 세상에서, 또한 우리와 성정이 똑같은 사람들 틈에서 하나님께서 우리 안에 넣어주신 그 엄청난 생명으로 살아야 한다는 것을 기억해야 한다. 우리 속에 있는 거룩은 저항이 있을 때만 드러나게 되어 있다. 신체적으로 볼 때, 건강은 신체 내에서 싸워 이기는 능력을 의미한다. 도덕적으로는, 양심의 힘이 있을 때 도덕적인 사람이 된다. 덕은 언제나 싸워 이겨온 양심의 힘이다. 특히 영적으로는 예수 그리스도의 부활의 생명을 덧입을 때 영적인 힘이 강해지면서 우리는 우리를 대항하는 것들을 '떨쳐버릴 수' 있게 된다. 이렇게 하여 우리는 거룩한 성품을 만들어내는 것이다.

사역자의 삶은 점프를 하거나 잠깐 반짝이다 꺼지는 종류의 것이 아니다. 사역자는 하나님의 길을 이해할 때까지 마음을 정하고 과감하면서 지속적으로 앞으로 나아가야 한다. 하나님이 원하시는 한 사람의 사역자를 만드는 데는 하나님의 모든 에너지가 사용되어야 한다. 우리에게는 진리에 대한 영적 비전뿐 아니라 사역에 대한 영적 비전도 필요하다. 어떤 커리큘럼을 통과한다고 해서 사역자가 만들어지는 것이 아니다. 준비와 사역은 아주 밀접하게 연결되어 있으므로 이 둘은 서로 뗄 수 없다. 사도 바울은 언제나 현실적인 문제를 다루었다. 그는 현실 속에서 항상 하나님의 능력을 보여주었다. 당신이 하나님의 은혜를 가장 두드러지게 체험하는 때는 어느 분야에서든 영적인 능력을 잃지 않고 지도자의 자리에 서는 때이다. 그리스도인의 모든 삶 가운데 이보다 더 신랄한 시험은 없다.

하나님께 가치 있는 사역자

"우리가 하나님과 함께 일하는 자로서…" 고후 6:1.

사역자가 어떤 영혼을 그리스도께로 인도하였을 때 이는 그의 사역의 시작일 뿐이다. 우리의 자세는 '많은' 사람이 구원 받고 '많은' 사람이 거룩해지면 "할렐루야"를 외치는 경향이 있다. 그러나 이는 하나님의 일꾼의 참된 사역의 시작일 뿐이다. 그 후 우리는 하나님의 손에 붙들린 바 되어 하나님의 말씀이 우리를 통하여 역사하기 시작한다. 그 후 마치 밀가루가 반죽이 되어야 하듯이 우리는 무거운 짐들 밑에 깔려 철저한 고통을 당한다. 결국 우리는 다른 하나님의 자녀들에게 영양분을 줄 수 있는 잘 구워진 떡이 된다.

"그러므로 너희는 가서 모든 민족을 제자로 삼아" 마 28:19. 당신은 지금까지 몇 명이나 주의 제자로 만들었는가? 한 명인가? 제자를 만드는 것은 우리의 일이다. 하나님의 위대한 구속 사역이 사람들의 삶 가운데 구원과 거룩챔버스의 거룩의 개념은 단회적 거룩과 연속적 거룩으로 나누어진다. 사람이 거듭날 때 그는 단회적으로 영원히 '거룩해진다'고 본다. 반면 우리는 연속적 거룩을 위해 많은 수고를 해야 한다.-역주을 이루면 사역자의 일은 시작된다. 이때 우리는 주님과 함께 사역한다는 의미가 무엇이며 회심자들을 향한 사도 바울의 고통스러운 마음과 생각이 어떠한 것이었는지를 알게 된다. "나의 자녀들아 너희 속에 그리스도의 형상을 이루기까지 다시 너희를 위하여 해산하는 수고를 하노니"갈 4:19. 바울은 회심자들이 하나님께 뿌리 내리고 든든히 설 때까지 기다리고 살펴보며 소망하고 기도하며 수고하였다. 자연의 비밀들을 알아내려고 과학자들이 얼마나 부지런히 수고하는지를 보라. 반면 우리는 얼마나 하나님의 말씀인 성경에 대하여 게으르고 무지한지를 보라. 만일 사역자가 하나님의 방법에 순종한다면 그는 언제나 성경에 깊이 빠져 성경의 깨달음들을 모든 상황에 적용할 것이다. 그리고 깨달음과 적용, 이 둘은 언제나 함께한다. 이때 상황이라는 것은 하나님께서 그 사역자를 '하나님의 동역자'로 만들기 위해 그를 인도하시는 수단일 뿐이다.

우리는 "자, 이제 내 재능이 이 특별한 사역을 위하여 잘 맞는구나. 이제 내 재능에 맞게 사역을 해 보자"라고 말할 때가 많다. 그러나 이렇게 스스로를 제한하는 사역자는 하나님에 의하여 거절된다.

그 이유는 하나님께서는 그런 식으로 일하지 않으시기 때문이다. 성령의 은사들은 주께서 원하시는 대로 모든 사람에게 골고루 나누어진다. 성령의 은사들은 철저히 하나님의 것이며 하나님의 사역을 돕기 위한 것이다. 하나님과 사역자의 관계란 사람으로 비유해 볼 때, 두뇌와 손가락의 관계라고 볼 수 있겠다.

하나님의 권면

"너희를 권하노니 하나님의 은혜를 헛되이 받지 말라"고후 6:1.

하나님의 권면은 사람의 그것과 같지 않다. 오히려 사람의 권면은 종종 하나님의 권면을 방해하기도 한다. 사도 바울의 권면은 성령의 권면에 사로잡혀서 하는 것으로, 하나님께서 그를 통하여 권면하고 계신 것이다. 즉, 하나님께서 그를 통해 권면하시는 것과 같다. 이 권면은 십자가에서 들리는 것으로서 성령에 의해 사역자의 마음 안에 실제처럼 들린다. 그러므로 이 권면은 사람의 말이 아니며 인간의 열정에서 나오는 것과 다르다. 이 권면은 사역자를 통해 표현되는 성령의 강력한 권면이다. 결국 사역자는 하나님의 영이 공감하지 않는 것들에 대해 공감하지 않는다. 우리에게는 하나님께서 온유하게 행하시는 곳에서는 거칠게 행동하고 하나님께서 엄하게 대하시는 곳에서는 친절하게 대하려는 위험이 있다. 사도 바울의 호소와 열정은 하나님의 권면과 너무나 일치되어 있기 때문에 그는 하나님의 권면을 대신하고 있는 것이다. 바울이 염려한 것은 "너희 마음이 그리스도를 향하는 진실함과 깨끗함에서 떠나 부패할까"고후 11:3 하는 것이었다.

세상의 험한 훼방

> "우리가 이 직분이 비방을 받지 않게 하려고 무엇에든지 아무에게도 거리끼지 않게 하고"고후 6:3.

세상에 속한 속인들은 사역자를 향해 짜증을 낸다. 그 이유는 사역자는 언제나 그들이 듣기 싫어하고 대하기를 원하지 않는 어떤 중대 사건을 다루기 때문이다. 사역자가 어떤 주제를 다루든 결국 언제나 하나님의 경고가 언급되기 때문에 속인들은 이에 화가 나는 것이다. 세상에 속한 사람들은 삶의 가장 쉬운 부분들을 분석한 후에 모든 것이 자명하며 그에 따라 삶의 모든 현실은 자신들에게 달려 있다고 말한다. 그러나 사역자가 하나님의 말씀을 전하면 그들은 "그것은 터무니없는 말이야. 당신은 이상주의자이며 비현실적인 사람이야"라고 말한다. 이렇게 말하는 이유는 사역자의 음성이 속인들에게는 언제나 듣기 싫은 성가신 음성이기 때문이다.

"이 직분이 비방을 받지 않게 하려고." 이 세상은 복음의 메시지를 듣지 않을 수 있는 핑계만 생기면 즐거워한다. 그들은 모순된 삶을 사는 그리스도인들을 발견하고는 더욱 복음을 멀리할 구실을 삼고 기뻐한다. 주님께서는 "실족하게 하는 일들이 있음으로 말미암아 세상에 화가 있도다 실족하게 하는 일이 없을 수는 없으나 실족하게 하는 그 사람에게는 화가 있도다"마 18:7라고 말씀하셨다. 실족은 '공격할 수 있는 틈'을 말한다. 이 세상은 언제나 '실족'을 찾으며 기다리고 있다. 만일 사역자가 사적인 삶에서 넘어지면 세상은 당장 그의 실족을 찾아서 무자비하게 공격하면서 복음을 받아들이지 않을 핑계를 삼는다. 우리에게는 이러한 걸림돌이 될 위험성이 언제나 있다. 바울은 자신의 삶 가운데도 이러한 위험이 있음을 절대 잊지 않았다. "내가 내 몸을 쳐 복종하게 함은 내가 남에게 전파한 후에 자신이 도리어 버림을 당할까 두려워함이로다"고전 9:27. 세상에 '실족'할 일을 제공하지 않을 수 있는 가장 안전한 방법은 하나님 안에서 그리스도와 함께 숨겨진 생명으로 살아가는 것이다. 그리고 하나님께서 빛 가운데 계심같이 우리도 빛 가운데 걷도록 늘 조심하는 것이다.

상황이라는 바퀴

> "오직 모든 일에 하나님의 일꾼으로 자천하여 많이 견디는 것과 환난과 궁핍과 고난과 매 맞음과 갇힘과 난동과 수고로움과 자지 못함과 먹지 못함 가운데서도 깨끗함과 지식과 오래 참음과 자비함과 성령의 감화와 거짓이 없는 사랑과…"고후 6:4-6.

사도 바울의 삶은 참으로 비참하고 힘든 삶이었다. 바울은 장황한 말을 하고 있는 것이 아니다. 그는 하나님께서 겪게 하신 것들을 사실대로 언급하고 있다. 그가 겪은 모든 일들은 인내를 요구하는 것들이었다. 우리의 거룩은 실제 일어나는 상황 속에서만 빚어질 수 있다. 그것은 하나님께서 하늘에서 보석 상자를 떨어뜨리시고 우리는 그 상자를 열고 보석을 끄집어내는 그런 모양이 아니다. 주께서 주의 거룩을 힘을 다해 빚어내신 것처럼 우리도 우리의 거룩을 빚어내야 한다. 전능하신 하나님의 거룩은 완전한 것이다. 하나님의 거룩은 저항 세력이 있다고 하여 더 발전하는 것이 아니다. 하지만 하나님의 아들예수님에 의해 보인 거룩과 하나님의 자녀들에 의해 나타나는 거룩은 저항 세력을 수단으로 나타나는 거룩이다.

4절과 5절에 아주 멋진 말이 있는데 그것은 '많이 견디는 것'이다. 인내는 집중된 힘이 있다는 증거이다. 전능하신 하나님의 능력은 사람이 인내할 수 있도록 붙든다. 그 어떤 사람도 하나님께서 주의 종들을 위해 따로 두시는 인내의 상황에 처하는 일이 없고 그러한 상황을 견뎌낼 수도 없다. 오직 하나님의 능력이 있어야 그 상황에서 인내할 수 있다. 우리 주님은 약함 가운데 못 박히셨다. 그러나 주께서 약함을 유지하시는 데에는 전능하신 하나님의 능력을 사용하셨다. 처음 그리스도인이 되었을 때 나타났던 즉흥적인 열정은 어디에 있는가? 이제는 사라지고 없는가? 그렇지 않다. 그 열정은 약할 수 있는 능력으로 변화된 것이다.

'환난'이란 우리가 아무 말도 하지 못할 때까지 우리를 짓누르는 아주 무거운 상황을 말한다. '궁핍'이란 자유가 없는 갇힌 상황이다. 돈이 있으면 좋을 텐데 돈이 없는 것이 궁핍이며 생각은 있는데 배가 고파 그 생각을 실현할 힘이 없는 것이다. '고난'이란 병이 들거나 귀한 친구를 잃어 당혹감에 빠지는 것이다. 고난이 오면 하나님의 섭리를 전혀 이해할 수 없을 때가 많다. 그러나 이러한 모든 상황 가운데서도 여전히 하나님의 은혜가 임한다. 따라서 내면 세계는 전혀 요동하지 않는다. "매 맞음과 갇힘과 난동과 수고로움과 자지 못함과 먹지 못함" 등의 모든 상황 가운데서 당신은 더욱 하나님의 은혜를 붙든다. 그러면 그 은혜는 당신도 당신 자신에게 놀랄 만큼 당신을 붙들어주며 다른 사람들도 당신에게 놀라게 된다. 그러므로 지금 은혜를 얻으라. 나중에 구하면 이미 늦다. 영적 세계에서 가장 중요한 단어는 '지금'이다. 상황이 당신을 어디로 이끌든지 계속 하나님의 은혜를 붙들라. 당신이 하나님의 은혜를 계속 받고 있는 가장 큰 증거는, 당신이 아무리 모욕을 당해도 당신 안에 있는 은혜만 드러날 뿐 당신이 모독당했다는 그 어떤 흔적도 전혀 남지 않는 것이다.

고린도후서 6장 4-18절은 바울의 영적 일기이다. 그 구절들은 성령의 역사가 나타나 은혜의 온상이 되는 여러 외부적 어려움들을 나열하고 있다. 즉, 외적 어려움들이 있는 곳에 내적 은혜가 함께 일하고 있다. 당신은 주님께 성령의 은혜를 달라고 간구한 적이 있는가? 그렇다면 당신에게 고난을 주는 상황들이 닥치게 될 것이다. 그때 당신은 "이런, 나는 하나님께 내 안에 있는 성령의 은혜들을 외부로 꺼내 달라고 간구하였는데 어떻게 이렇게 매번 마귀가 나를 더 사로잡으려고 할까!"라고 말한다. 그러나 당신이 '마귀'라고 부르는 바로 그것이 하나님께서 당신 안에 있는 성령의 은혜를 드러내기 위하여 사용하시는 '상황'이다.

"영광과 욕됨으로 그러했으며 악한 이름과 아름다운 이름으로 그러했느니라"고후 6:8. 사역자는 '불꽃놀이'의 비밀을 배워야 한다. 이 비밀을 안다면 그는 하나님께서 용광로 속에서 그와 함께 걸으셨던 그 위대한 시간들을 다른 그리스도인들에게 말해 줄 수 있을 것이다. 유혹으로 가득 찬 이 세상에서 세상 마법에 홀리지 않는 비결은, 우리가 이 땅에 하나님을 알리기 위해 와서 오늘은 이곳, 내일은 저곳으로 정처 없이 다니는 나그네라는 사실을 기억하는 것이다.

> 주께서 당신을 변화무쌍한 상황 가운데 두셨다.
> 현재의 상황은 전혀 당신에게 즐겁지 않다.
> 하지만 이러한 상황은 당신의 영혼을 빛을 뿐,
> 당신을 모든 사람 앞에서 인상 깊게 할 것이다.

용광로는 하나님의 직접적인 허락에 의하여 그곳에 놓여 있다. 우리는 그러한 상황에도 '불구하고' 영적으로 성장한다고 생각하는데 이러한 생각은 잘못되었다. 우리는 그러한 상황 '때문에' 영적으로 성장한다고 알고 있어야 한다. 우리에게 필요한 것은 힘든 상황을 피하기 위한 지혜와 능력이 아니라 그 상황을 사용할 줄 아는 지혜와 능력이다. 즉, 우리는 천년 왕국을 기다려야 하는 것이 아니라 지금 현재의 상황을 그대로 겪으면서 성령의 은혜들을 그 상황 속에서 나타내야 하는 것이다.

하나님의 포도주

> "진리의 말씀과 하나님의 능력으로 의의 무기를 좌우에 가지고 영광과 욕됨으로 그러했으며 악한 이름과 아름다운 이름으로 그러했느니라 우리는 속이는 자 같으나 참되고 무명한 자 같으나 유명한 자요 죽은 자 같으나 보라 우리가 살아 있고 징계를 받는 자 같으나 죽임을 당하지 아니하고 근심하는 자 같으나 항상 기뻐하고 가난한 자 같으나 많은 사람을 부요하게 하고 아무것도 없는 자 같으나 모든 것을 가진 자로다"고후 6:7-10.

이 구절에서 사도 바울은 자신의 경험으로부터 황금률과 같은 진리를 나누고 있다. 바울의 외부적인 삶은 찢기고 고통 받으며 짓눌리고 부서진 삶이었다. 그러나 그의 삶으로부터 '하나님의 포도주'가 흘러 나왔다. 포도주는 포도알이 짓눌릴 때 만들어진다. 바울이 여기서 언급하는 여러 상황들은 주의 백성들로 하여금 하나님께서 기뻐하시는 포도주를 만들어낸 상황들이다. 만일 당신이 포도송이로 남게 되면 절대로 '부어지는 포도주'가 될 수 없다. 만일 쌀로 그대로 있으면 당신은 떡이 될 수 없다. 포도주가 되기 위해서는 포도는 짓눌려야 하고 떡이 되기 위해서는 쌀은 빻아져야 한다. 그러면 우리의 삶의 향기가 하나님의 영광으로 나타나는 것이다.

　삶의 상황들을 살펴보라. 우리는 그 상황들을 잘 반죽하며 섞어 빵을 만들 준비를 할 수 있다. 여러 어려운 상황에 처해 있다면 그러한 상황으로 인해 하나님께 감사하자. 하나님께서는 우리가 그 상황을 통해 주의 특별한 은혜를 나타내기를 원하신다.

9장 •
그리스도인 만들기

주께서 몸을 입고 계시던 때

주의 주권 가운데 사람들을 세상에서 불러내어 주님 자신과 연합하게 하는 소망의 부름은 매우 불투명하다. 심지어 그 거룩한 부름에 온전히 항복한 제자들도 그 부름이 자신들을 어떻게 인도할지 분명하게 알 수 없다.데니 박사(Dr. James Denney, 1856–1917; 오스왈드 챔버스가 대단히 존경했던 스코틀랜드 신학자이며 저자였다. – 역주

- 사로잡는 감정막 1:16–28 ; 요 1:35–42 참조

"갈릴리 해변에 다니시다가 두 형제 곧 베드로라 하는 시몬과 그의 형제 안드레가 바다에 그물 던지는 것을 보시니 그들은 어부라 말씀하시되 나를 따라오라 내가 너희를 사람을 낚는 어부가 되게 하리라 하시니 그들이 곧 그물을 버려 두고 예수를 따르니라 거기서 더 가시다가 다른 두 형제 곧 세베대의 아들 야고보와 그의 형

제 요한이 그의 아버지 세베대와 함께 배에서 그물 깁는 것을 보시고 부르시니 그들이 곧 배와 아버지를 버려 두고 예수를 따르니라"마 4:18-22.

구속에 관한 일반 설교들을 들어보면 주로 어떤 예외적인 경우들을 다루는 것을 발견한다. 즉, 설교들이 예외적인 경험들을 다룬다. 그러나 초기 제자들에게는 이러한 극적인 경험들이 없었다. 그들은 사로잡혀 있던 감정도, 죄로부터의 구원에 대한 열망도 없었다. 그들이 예수님을 볼 때 예수님께서는 그들을 사로잡는 뭔가가 있었다. 예수님께서 "나를 따르라"고 말씀하실 때, 그들은 당장 예수님을 따랐다. 이때 그들이 예수님을 따른 것은 십자가와 전혀 무관하였다. 주님을 따르기 위하여 십자가가 필요하다는 것을 알았다면 그들은 따르지 않았을 것이다. 그들은 단지 예수님의 어떤 매력 때문에 따랐다.

지금 우리는 예수 그리스도께서 어떤 사람을 위하여 역사하시려면 그 사람이 자신이 죄인이라는 사실을 인식해야 한다는 결론을 가지고 있다. 그러나 초기 제자들은 죄로부터 구원을 받기 원하여 예수님께 매력을 느낀 것이 아니었다. 그들은 자신들에게 구원이 필요하다는 개념도 없었다. 그들은 진심으로 예수님을 따랐지만 소위 우리가 지금 말하는 '죄의식' 때문은 아니었다. 그들이 예수님을 따른 것은 신학적인 이유도 아니고 죽음에서 영생으로 옮겨진다는 깨달음 때문도 아니었다. 따라서 예수님께서 그들에게 십자가에 대하여 언급하실 때 그들은 예수님께서 무엇을 의미하시는지 전혀 알지 못했다. 뭔가 신비하고 놀라운 것 때문에 주를 따랐지만 그들이 주님을 따른 이유는 철저히 '자연적'인 것들 때문이었다.

하나님의 부르심은 그 사람 속에 하나님을 향한 끌림이 있어야 가능하다. 그리고 이러한 과정은 언제나 무의식 가운데 진행된다. 어떤 사람의 인생 속에서 그가 하나님을 향하여 나아가는 시작점은 정확하게 어딘지 알 수 없다. 그 사람의 인성 깊은 곳 어딘가에 있지만 아무도 그 근원을 추적해 낼 수 없다. 초기 제자들은 물질에 구속되지 않았던 사람들이었다. 그들은 자신들이 진심으로 따를 수 있는 뭔가가 예수님께 있다는 확신이 들었을 때 당장 모든 것을 포기하고 주님을 따랐다. 그들은 구원 받기 위하여 예수님을 따른 것은 아니었다. 단지 따르지 않을 수 없었기 때문에 어쩔 수 없이 따랐다.

3년 후에 예수님께서 그들에게 다시 말씀하셨다. "나를 따르라." 이때의 부르심은 제자들에게 처음의 부르심과 전혀 다른 의미였다. 지난 3년 동안 너무나 많은 일들이 있었다. 처음의 "나를 따르라"는 단지 외적 부름이었지만, 지금의 "나를 따르라"는 내면의 자아를 죽이고 주님을 따르라는 의미였다.

초기 제자들이 예수님께 이끌릴 때 그들을 사로잡았던 감정은 죄책감이 아니었다. 그들에게는 회개해야 할 어떤 험악한 죄악이 없었다. 따라서 그들은 구원의 필요를 의식하지 못하였다. 그들은 일반적인 사람들의 용어로 정의할 때 죄인들이 아니라 정직하고 진실한 사람들이었다. 그들은 죄로부터 구원 받기를 원하는 열망 때문이 아니라 말로 하기는 힘들지만 다른 뭔가에 의해 예수님께 이끌렸다. 예수님의 매력에 빠진 그들은 주께서 "나를 따르라"고 말씀하시니 그 의미가 무엇인지도 모르고 당장 주를 따랐다. 하나님의 부르심은 사람들에게 명료하게 다 이해될 수 있는 것이 아니다. 주의 부르심은 언제나 함축적이고 암시적이다.

하지만 제자들 안에는 예수님과 그분의 나라에 어울리지 못하는 '다른 요소'들이 있었다. 우리 주님은 항상 오래 참으셨다. 주님은 단지 그들의 마음속에 사고思考의 씨앗을 심겨주신 후에 그들과 언제나 함께 계시며 주님의 삶을 보여주셨다. 주님은 그들을 납득시키지 않으셨고 실수를 해도 내버려두시며 실수를 통해 배우게 하셨다. 그 이유는 진리가 마침내 그들의 삶 가운데서 열매 맺을 것을 알고 계셨기 때문이었다. 우리는 얼마나 다르게 행동하였겠는가! 우리는 인내함이 없이 사람들의 목덜미를 잡고 "당신은 이것저것을 믿어야 해"라고 강요한다. 우리가 알아야 할 것은, 영적 진리는 사람의 지성을 설득한다고 해서 깨닫게 되는 것이 아니라는 사실이다. 오직 성령께서 영적 진리를 깨닫게 하신다. "그러나 진리의 성령이 오시면 그가 너희를 모든 진리 가운데로 인도하시리니"요 16:13.

- 섬기려는 열정

  "예수께서 대답하여 이르시되 너희는 너희가 구하는 것을 알지 못하는도다 내가 마시려는 잔을 너희가 마실 수 있느냐 그들이 말하되 할 수 있나이다"마 20:22.

제자들은 주님을 향한 자신들의 헌신을 어떻게 해서든 보여드리기를 원했다. 이들의 헌신은 진실한 것이었지만 자신들에 대한 무지에 근거한 병든 헌신이었다. 결국 그들은 원하지는 않았지만 어떻게 해야 할지를 몰라 모두 주님을 버리고 도망쳤다. 예수님께서는 제자들이 자신들이 어떠한 존재인지를 깨닫고 성령을 받을 수 있는 자리로 나아가게 하시기 위해 그들로 하여금 이러한 위기를 지나가게 하셨다. 그들은 자신들이 '영적인 거지'라는 사실을 깨닫기 전까지는 성령을 받을 필요를 느낄 수 없었던 것이다.

"시몬아, 시몬아, 보라 사탄이 너희를 밀 까부르듯 하려고 요구하였으나"눅 22:31. 예수님께서는 베드로가 도덕적인 낭떠러지까지 가서 예수님을 부인하는 것을 허락하셨다. 그 이유는 무엇 때문에 베드로가 예수님의 제자가 될 수 없는지를 깨달아야 했기 때문이었다. 물론 모든 사람이 베드로가 지나갔던 '밀 까부르는' 곳까지 갈 필요는 없을 것이다. 그럼에도 각자에게 해당하는 '밀 까부르는' 과정은 반드시 있어야 한다. 사람의 기질을 개선하려는 설교는 예수 그리스도의 진정한 제자를 만들 수 없다. 예수님께서는 제자가 되는 데 필요한 요구 사항을 그 누구에게도 조금이라도 면제시켜 주는 일이 없으시다.

초기 제자들은 정직하였고 진지하였으며 열정이 있던 사람들이었다. 그들은 예수님을 따르기 위하여 모든 것을 버렸다. 그들의 영웅 의식은 대단했다. 그러나 그 끝은 무엇이었는가? "제자들이 다 예수를 버리고 도망하니라"막 14:50. 그들은 이 땅에서의 어떤 간절함과 진지함도 예수님께서 제자들에게 요구하시는 사항을 전혀 이룰 수 없다는 사실을 깨달아야 했다. 부활 이후 예수님께서는 그들에게 "이 말씀을 하시고 그들을 향하사 숨을 내쉬며 이르시되 성령을 받으라" 요 20:22고 말씀하셨다. 그들은 모든 자신감과 자기 충족에 '종지부'를 찍는 자리까지 오게 되었고, 마침내 가난한 마음이 되어 기꺼이 성령 받기를 원하게 되었다.

"그들의 눈이 밝아져 그인 줄 알아 보더니"눅 24:31. 그들의 내면 의식이 열렸으며 이제 그들의 내면 세계에는 완전히 새로운 능력이 임하였다. 주께서 그들에게 주의 뜻대로 행할 수 있는 능력을 주셨기에 그들은 전에는 그들이 할 수 없었던 것을 이제는 할 수 있게 되었다. 아무튼 그들은 가장 먼저 자신들은 도덕적으로 무능하여 주님이 계신 하나님의 나라에 들어갈 수 없다는 것을 깨닫고 영적 필요를 철저하게 느끼는 그러한 자리에 처해져야 했다.

우리가 몸을 입고 있던 때

그들은 전에 그들이 할 수 없는 일들을 할 수 있게 되었다. 그 이유는 주께서 그들에게 그렇게 할 수 있는 권능을 주셨기 때문이다. 이것을 느끼는 것이 그리스도인이 구체적으로 의식하게 되는 것의 초보 형태이다. - 데니 박사

• 사로잡는 진심

"이를 위하여 너희가 부르심을 받았으니 그리스도도 너희를 위하여 고난을 받으사 너희에게 본을 끼쳐 그 자취를 따라오게 하려 하셨느니라"벧전 2:21.

초기 제자들의 모습을 보면 그들은 자신들이 정확하게 누구인지 모르는 사람들이었다. 물론 예수님께서는 그들 속에 무엇이 있는지 완벽하게 아셨다. 그러나 주님께서는 요한에게 "너는 앙심이 많은 사람이다"라고 말씀하지 않으셨고눅 9:51-55, 베드로에게 "너는 결국 나를 부인함으로 망할 것이다"막 14:66-72라고 말씀하지 않으셨다. 만일 당신이 베드로를 처음 만나 그가 예수님을 맹세와 저주로 부인하게 될 것이라고 말한다면 그는 너무나 의아해 할 것이다요 13:36-38. 예수 그리스도는 제자들에게 진리를 가르치신 후에 예수님 자신의 삶으로 그 진리를 보여주셨다. 그러자 그들은 서서히 다른 각도에

서 상황들을 보기 시작했다. 제자들은 예수님께 진지한 마음으로 찾아왔다. 그러나 예수님께서는 제자들에게 위기를 겪게 하심으로 진지함만으로는 제자가 될 수 없음을 깨닫게 해 주셨다. 그들에게 정말로 필요한 것은 예수님의 성향disposition이 그들에게 주어져야 하는 것이었다. 제자들은 예수님께 반했다. 예수님께서 "나를 따르라"고 하셨을 때 그들은 당장 모든 것을 버리고 주를 따랐다. 하지만 그토록 3년 동안 밀접하게 지낸 후에 그들은 모두 예수님을 버리고 도망하였다. 그들은 진지하게 주를 따랐지만, 결과적으로 그들의 따름은 비극으로 끝났다.

대부분의 사람들은 초기 제자들과 같은 선상에서 예수님께 매력을 느낀다. 그러나 제자들이 자신들이 어떤 사람인지 알게 되었던 것처럼 우리도 같은 방법으로 자신들에 대하여 알게 된다. 우리는 사람이 진심이 있다고 해도 그 사람의 마음을 사로잡았던 어떤 이상이 현실과 부딪혀 무너질 때 그 진심은 더 이상 견디지 못하고 쓰러진다는 사실을 깨달아야 한다. 그 비참은 외부적인 것이 아닐 수 있다. 그러나 그 사람의 마음속에는, "나는 정직하게 나의 최선을 다하여 예수 그리스도를 섬겼다. 나는 주를 위하여 마음을 정하였으며 모든 진심을 다해 주께서 제시하시는 이상을 이루기 위하여 내가 할 수 있는 모든 것을 다하였다. 그러나 이제 더 이상 할 수 없다. 주님이 말씀하시는 이상은 나의 능력을 초월하는 것이다. 그 이상이 나의 현실 속에서 이룰 수 있는 소망이 사라졌을지라도 나는 나의 이상을 낮출 수는 없다"라고 생각하는 것이다. 우리 주님께서는 이러한 사람에게, "수고하고 무거운 짐 진 자들아 다 내게로 오라 내가 너희를 쉬게 하리라"마 11:28고 말씀하신다. 즉, "내가 너의 이상을 현실로 만들어 주겠다"고 말씀하신다. 이처럼 현실 속에서 주님을 '필요'로 하는 마음이 생겨나야 주께서 역사하실 수 있다. 그러나 우리가 추상을 다루고 있는 한, 우리는 '필요'를 느끼지 못한다.

예수 그리스도 없이는 이상과 현실 사이에 건널 수 없는 간격이 있다. 이상과 현실의 간격을 제거하는 유일한 방법은 주님과의 인격적 관계이다. 초기 제자들은 자신들이 어떠한 사람들인지를 깨닫기 위하여 위기를 지나야만 했다. 예수님은 그들을 제자로 만드시는 데 절대로 조급하지 않으셨다. 주님은 전혀 설명하지 않으셨다. 주님은 단지 진리를 언급하셨고 그들에게 성령이 오시면 "그가 너희에게 모든 것을 가르치고 내가 너희에게 말한 모든 것을 생각나게 하리라"요 14:26고 말씀하셨다. 오늘도 예수 그리스도께서는 우리가 예상해 낼 수 없는 방법으로 역사하신다. 수천만의 사람들이 수천만 가지의 방법으로 주님께 다가오고 있다. 상황이 조성되고 복음의 씨앗이 뿌려진다. 사람들은 예수님을 볼 수 있는 지점까지 더욱 더 가까이 이끌리고 있다.

• 섬기기로 결단함

"그러나 귀신들이 너희에게 항복하는 것으로 기뻐하지 말고 너희 이름이 하늘에 기록된 것으로 기뻐하라 하시니라"눅 10:20.

주님께 매력을 느낀 사람들은 자연적으로 주를 위하여 헌신하게 된다. 그러나 자연적 헌신은 절대로 제자를 만들어내지는 못한다. 그 이유는 어느 정도 때가 되면 자연적 헌신은 반드시 예수님을 부인하게 되기 때문이다. 오늘날도 사람들은 주님께서 몸을 입고 이 땅에 계실 때의 상황처럼 진지한 마음을 가지고 예수님께 나아간다. 그러나 그들이 진지한 마음으로 예수님을 따른다고 해도 그것이 예수 그리스도의 제자가 되는 충분조건이 되는 것은 절대 아니다. 이들의 마음은 진지하지만, 예수님의 '진짜' 제자들은 아니다. 이들은 물론 위선자들도 아니다. 이들에게는 완벽하게 정직하고 간절한 가운데 예수님께서 그들에게 원하는 것들을 이루려는 바람이 있다. 그러나 그들은 '실제로는' 그 일들을 할 수 없다. 그 이유는 그들을 '진짜'로 만드는 성령을 받지 않았기 때문이다.

최근에 우리는 '예수님을 위한 결단'이라는 표현을 자주 듣지만 이 표현은 대다수의 사람들을 잘못 이끌고 있다. 그 이유는 이 표현은 잘못된 것을 강조함으로써 마치 예수 그리스도께서 우리의 협력과 도움이 필요하신 분처럼 잘못 제시하기 때문이다. 그러나 사람의 결단은 지속될 수 없다. 그 이유는 결단 전이나 후나 그에게는 아무런 실제 변화가 없었기 때문이다. 그러므로 조만간 자신의 결단을 지켜나가는 데 문제가 발생하게 된다. 사람은 무엇을 받지 않으면 절대로 변화될 수 없다. 그러나 뭔가를 받으면 반드시 변한다. 어떤 사람이 성령을 받으면 새로운 능력이 그에게 나타난다. 예수님의 생명이 그에게 임할 때만이 그는 근본적으로 바뀌게 된다. 그 어떠한 것으로도 사람을 근본적으로 바꿀 수 있는 것은 없다. 어떤 사람이 거듭난 증거는 예수 그리스도의 생명이 그에게 실제로 임하여 그 사람에게 근본적인 변화가 나타나는 것이다.

예수 그리스도의 나라의 바탕은 사람의 진심도 아니고, 그리스도를 도우려는 결단도 아니며, 주님을 섬기겠다는 헌신의 다짐도 아니다. 오직 주의 나라를 위해 아무것도 할 수 없다는 철저한 자기 인식이 예수 그리스도의 나라의 바탕이다. 그때 예수님께서는 "네가 복이 있도다"라고 말씀하신다. 예수 그리스도는 영적 필요를 철저하게 느낄 수밖에 없는 최전선을 통과한 사람들, 즉 주의 나라에 들어간 사람들을 통해 놀라운 일들을 행하실 수 있다. 예수 그리스도를 위하여 자신이 어떻게 해 보겠다는 결단은 반드시 실패한다. 그 이유는 그들의 진심이 가짜이기 때문이 아니라 그들이 기독교의 바탕을 무시하였기 때문이다.

기독교의 바탕은 사람의 맹세나 의지의 힘에 있지 않다. 그것은 윤리적인 것이 아니라, 내 안에는 내가 원하는 바를 행할 수 있는 능력이 없다는 철저한 인식에 있다. 따라서 예수님께서는 "내게로 오라"고 하셨지 "나를 위하여 결단하라"고 말씀하지 않으셨다. 성경이 내게 요구하는 그러한 존재가 될 수 없는 무능을 깨달을 때마다 나는

'내 모습 이대로' 예수님께 나아가야 한다.

나는 도덕적으로나 영적으로 비천할 정도의 거지라는 사실을 깨닫는다. 그러므로 내가 주께서 원하시는 대로 되기를 원하거나 주를 위하여 뭔가를 하기를 원한다면, 주님께서 내 안에 오셔서 그 일을 내 대신 하셔야 한다. 예수님께서는 누구든지 자신의 궁핍을 깨닫고 주께서 이루신 구속을 근거로 예수님을 바라보는 자들에게 주님 자신의 성향을 넣어주실 수 있는 권한을 가지고 계신다. 이 성향이 우리에게 임하면 우리는 주의 원하시는 뜻대로 뜻을 가질 뿐 아니라 그 뜻대로 행할 수도 있게 된다빌 2:12-13. 자신에 대한 바른 지식은 우리를 예수 그리스도께서 일하시는 영적 전선으로 인도한다.

만일 믿음의 표준에 맞게 살아보려고 하면 당신은 자신에게 그렇게 할 수 있는 능력이 없다는 것을 발견하게 된다. 예수님께서 당신보다 이 문제에 대해 더 잘 알고 계신다는 것을 겸손하게 인정하라. 당신이 주님께 구하면 주님은 하나님 아버지의 명예를 걸고 당신에게 성령을 주실 것을 보증하셨다. "너희가 악할지라도 좋은 것을 자식에게 줄 줄 알거든 하물며 너희 하늘 아버지께서 구하는 자에게 성령을 주시지 않겠느냐"눅 11:13. 성령께서 우리 개인의 삶 가운데 역사하시면 우리의 이상과 현실이 하나가 되기 시작한다. 그때서야 우리는 서서히 우리가 예수님께서 말씀하신 그곳에 와 있다는 것을 깨닫기 시작한다. 영적인 삶은 아무도 추적할 수 없는 깊은 곳에서부터 시작된다. 신학적인 설명은 나중에 붙는 것이다. 아무튼 사람에게 필요한 첫째 단계는 성령을 받음으로 하나님의 나라에서 거듭나는 것이다. 그 후 서서히 그러나 확실하게 주님의 제자로 변화된다. 어떤 사람이 하나님 나라의 입구에 도달하려면 언제나 영적 필요의 최전선을 통과해야 한다. 그 사람이 그곳까지 오도록 하기 위해 길 모퉁이마다 하나님의 간섭의 손길이 임한다.

주께서 부활하시던 때

> 우리의 인격성 안에 빠진 요소는 성령이다. 성령이 없이는 우리는 결코 하나님께서 우리에게 원하시는 대로 될 수 없다. 성령을 선물로 받은 사람은 성령이 그 사람 안에 머물면서 그의 인격을 계속 변화시킨다. – 셀비

예수님께서는 초기 제자들이 일반적인 진심이나 헌신을 수단으로 주님의 제자가 될 수 없다는 사실을 깨달을 때까지 그들을 위기 상황 가운데 몰아넣으셨다. 사람이 천사가 될 수 없는 것처럼 어떤 사람이 진심과 맹세로 예수 그리스도의 제자가 될 수 있는 것이 아니다. 제자가 되기 위해서는 반드시 거듭남의 과정이 필요하다. 어떤 사람이 성령의 필요를 강하게 느끼게 될 때 하나님께서는 그 사람의 영에 성령을 불어 넣으신다. 그러면 한 개인의 영혼은 중생을 통해 성령에 의하여 새롭게 되면서 하나님의 아들이 그 사람 안에 형성된다갈 1:15-16 ;

4:19. 이것이 복음이며 다시 다른 말로 언급될 필요가 있다.

새 출생이란 그 사람의 영원한 구원을 의미할 뿐 아니라 지금 이 세상에서 하나님께 가치 있는 존재가 되었음을 의미한다. 이러한 의미는 죄와 지옥으로부터 구원 받은 것 이상의 무한한 의미를 지닌다. 성령께서 우리 안에 들어오심으로 인해 하나님의 근본적인 속성의 은사가 우리 안에서 효력을 나타낸다. 하나님께서는 우리에게 하나님의 아들의 살리시는 영을 부여하신다. 따라서 우리는 예수 그리스도께서 계시는 그 영역으로 들려 올라가게 된다요 3:5.

우리의 선조들은 우리가 성령을 믿을 것을 가르친다. 성경은 우리가 성령을 받아야 한다고 말한다. 죄로 신음하는 자들이야말로 가장 절실하게 자기의 필요를 느끼는 자들일 것이다. 스스로 올바른 사람이라고 생각하는 사람들은 자신들의 자연적인 아름다운 모습이 원래 형상의 깨어진 잔재라는 사실을 깨닫는 데 오래 걸린다. 본래 계획된 모습이 되기 위해서는 처음부터 전부 새롭게 지음을 받는 방법 밖에 없다. "내가 네게 거듭나야 하겠다 하는 말을 놀랍게 여기지 말라" 요 3:7. 예수 그리스도의 나라의 바탕은 소유가 아니라 궁핍이며, 강한 의지가 아니라 약함이요, 인간의 선함이 아니라 연약한 성품이며, 그리스도를 위한 결단이 아니라 철저하게 가난한 심령이다. "심령이 가난한 자는 복이 있나니"마 5:3. 이것이 입구이다. 우리 자신의 궁핍을 깨닫는 데까지는 오랜 세월이 걸린다. 하나님께로부터 얻는 최대의 축복은 우리가 영적으로 궁핍하다는 사실을 아는 것이다.

- 그리스도의 계시

    "그들의 눈이 가리어져서 그인 줄 알아보지 못하거늘 … 그들의 눈이 밝아져 그인 줄 알아보더니 예수는 그들에게 보이지 아니하시는지라" 눅 24:16,31.

제자들은 삼년 동안 예수님과 함께 있었다. 그러나 그들은 마태복음 16장에 기록된 단 한 번의 직감적인 순간에만 주님을 제대로 알아보았다. 이때 베드로에게 예수님이 누구신지 계시되었다. 우리 주님은 절대로 주께서 그들을 위하여 무엇을 하셨는지에 근거하여 제자들을 파송하신 적이 없다. 오직 그들이 주님을 보았을 때 그것을 근거로 그들을 파송하셨다요 9:35-38 ; 28:14-18. 주님께서는 막달라 마리아에게서 일곱 귀신을 내어 쫓으셨다. 그러나 그 사건 때문에 막달라 마리아를 파송하지는 않으셨다. 오직 부활하신 후에 그녀에게 나타나셔서 "나의 형제들에게 가서 말하라"고 하셨다. 예수님을 보았던 사람들은 절대로 겁을 먹지 않는다. 예수님께서 나를 위해 무엇을 해 주셨다는 것을 개인적으로 간증하는 사람은 겁을 먹을 수 있다. 그러나 주님을 본 사람은 아무리 두려워도 절대로 주님을 떠나지 않는다. 그 사람은 "보이지 아니하는 자를 보는 것같이" 히 11:27 하여 인내한다.

예수님에 대한 당신의 지식은 내면의 영적 인식에 의한 것인가? 아니면 다른 사람이 말하는 것을 듣고 배운 것만 있는가? 당신의 삶 속에는 주 예수님을 당신의 개인의 구주로 체험했던 일들이 있는 가? 모든 영적인 역사는 그 바탕에 주님과의 인격적인 지식이 있어 야 한다.

- 하나님의 약속에 근거함
  "하나님의 약속은 얼마든지 그리스도 안에서 예가 되니"고후 1:20.

나의 영적인 삶은 내 안에 살아 있는 하나님의 말씀에 근거한다. 하나님의 말씀대로 행하려 할 때 나는 예수님께서 역사하시는 영적 최전방으로 들어가게 된다. 주님은 "내게로 오라"마 11:28고 말씀하신다. "구하라 그러면 너희에게 주실 것이요"눅 11:9. 이때 우리에게 언제나 필요한 것은 말씀대로 헌신하는 자세이다. 지적 만족을 추구하는 자들은 절대로 의지의 문제를 다루지 않는다. 우리 주님께서 사용하시는 '믿으라'는 용어는 순종 또는 불순종의 '도덕적' 개념이지 지적 개념이 아니다. "네 자신을 내게 다 맡기라." 우리는 인격체를 믿는 것이지 어떤 '것'을 믿는 것이 아니다. "하나님께서 보내신 이를 믿는 것이 하나님의 일이니라"요 6:29. 기독교는 그리스도를 위하여 결단하는 것도 아니며 맹세하는 것도 아니라 누가복음 11장 13절에 있는 하나님의 약속에 근거하여 하나님께로부터 성령을 받는 것이다. 성령으로 채워진 상태를 유지하려면, 성도는 성령을 받는 자세를 계속 유지해야 한다.

- 가장 높은 곳의 약속

 "볼지어다 내가 내 아버지께서 약속하신 것을 너희에게 보내리니 너희는 위로부터 능력으로 입혀질 때까지 이 성에 머물라 하시니라 예수께서 그들을 데리고 베다니 앞까지 나가사 손을 들어 그들에게 축복하시더니 축복하실 때에 그들을 떠나 [하늘로 올려지시니] 그들이 [그에게 경배하고] 큰 기쁨으로 예루살렘에 돌아가 늘 성전에서 하나님을 찬송하니라"눅 24:49–53.

 "사도와 함께 모이사 그들에게 분부하여 이르시되 예루살렘을 떠나지 말고 내게서 들은바 아버지께서 약속하신 것을 기다리라"행 1:4.

제자들이 오순절까지 기다려야 했던 이유는 주께서 보내시는 성령의 약속을 받기 위해 자신들을 준비하기 위한 기간 때문만은 아니었다. 그들은 주님께서 역사 가운데 영화롭게 되시는 것을 기다려야 했다. 즉, 하나님의 아들이 영화롭게 되어 아버지의 오른편에 오르게 되셔서야 비로소 성령께서 인격적으로 이 땅에 내려오실 수 있었던 것이다요 15:26 ; 행 2:33. 요한복음 7장 39절의 삽입구의 내용은 우리에게 해당되는 내용이 아니다. "이는 그를 믿는 자들이 받을 성령을 가리켜 말씀하신 것이라 (예수께서 아직 영광을 받지 않으셨으므로 성령이 아직 그들에게 계시지 아니하시더라)". 이제 성령님은 오셨으며 예수님은 영광을 받으셨다. 하나님의 섭리는 모두 진행

되었고 개인적으로 성령을 기다리는 것은 우리의 몫이 되었다. 이제 우리가 성령을 받는 것은 전적으로 우리 자신의 자발적 준비에 달려 있다.

우리는 성령께서 비추시는 빛 가운데 거해야 하고 하나님의 말씀에 순종해야 한다. 그러면 그 순종과 함께 하나님의 능력이 임하게 되고 우리는 예수님을 닮은 모습을 강하게 드러내게 될 것이다. 사람들은 성령에 이끌리어 사는 것보다 감정에 이끌리기가 훨씬 쉽다. 그러나 성령에 이끌리는 삶을 살 때에만 주께서 영광을 받으신다. 성령님은 완벽하게 정직하시다. 그분은 옳고 그른 것을 지적하신다.

"… 떠나지 말고 내게서 들은바 아버지께서 약속하신 것을 기다리라"행 1:4. 이 말씀이 바로 성경에서 말하는 금식의 개념이다. 약속 받은 그 특별한 일이 다 이루어질 때까지 음식만 금하는 것이 아니라 모든 것을 금하는 것을 의미한다. 금식은 하나님의 목적이 우리의 삶 가운데 이루어질 수 있도록 집중하는 것이다. "너희는 위로부터 능력으로 입혀질 때까지 이 성에 머물라"눅 24:49. 위로부터 내려오는 능력은 오직 하나이다. 그 능력은 우리의 도덕성을 승화시키는 거룩한 능력이다. 어떤 종류의 힘인지 알 수 없는 때는 절대로 어떠한 능력도 받지 말라. 신령주의는 인간들의 속임수보다 훨씬 더 무서운 세력을 접하게 한다. 하지만 그 능력은 거룩하신 예수 그리스도와는 상관이 없는 위험한 세력이다.

예수 그리스도는 우리가 기꺼이 순종하려고 할 때 그 순종이 온전해질 수 있도록 주님 자신의 성향을 능력으로 주신다. 바로 이러한 이유 때문에 성령을 받은 우리를 향한 주님의 요구는 한 치의 에누리 없이 매우 엄중하다. 즉, 주의 명령은 우리의 자연적인 성향에 요구하시는 것이 아니라 우리 안에 있는 주의 성향에 요구하는 것이다. 하나님께서는 우리가 구속을 근거로 하나님의 자녀로서 부족함이 없는 성품을 쌓을 것을 기대하신다. 주님은 우리가 '복음적인 광대들'이 되기를 원하시는 것이 아니라 우리의 썩을 육체를 통해 하나님의 아들의 생명이 나타나기를 원하신다.

우리의 중생의 때에

> 오순절 체험의 참된 속성은 메시지와 메신저 사이의 일치를 만들어내는 것이다. 복음은 선포되어야 하고, 권해져야 하고, 널리 알려져야 하지만, 복음은 또한 장식되어야 한다. 말씀을 선포하는 자들에게 성령이 임할 때 그 말씀을 듣는 자들에게 또한 성령은 임한다. - 셀비

모든 사람은 중생이 필요하다. "진실로 진실로 네게 이르노니 사람이 거듭나지 아니하면 하나님의 나라를 볼 수 없느니라"요 3:3. 예수님께서는 이 말씀을 죄인으로 취급되는 천한 사람들에게 하신 것

이 아니다. 오히려 아주 엄하고 지위가 있는 올바른 사람에게 하셨다. 성경의 새 출생의 개념은 우리에게서 나오는 어떤 것이 아니라 우리 안으로 들어오는 어떤 것에 대한 개념이다. 우리 주님께서 외부에서부터 인류의 역사 속으로 들어오신 것과 같이 주님께서는 외부에서부터 우리 안으로 들어오셔야 한다.

우리의 새 출생은 옛 사람의 속성 안에 하나님의 아들의 생명이 탄생하는 것이다. 그래서 우리의 인성이 내주하시는 하나님의 아들의 생명에 의하여 승화된다. 당신은 당신의 개인적 인생이 하나님의 아들을 위한 '베들레헴'이 되도록 허락하겠는가? 이는 하나님께서 나의 본성의 덕을 개량하시는 것을 말하는 것이 아니라, 내가 순종을 통해 예수 그리스도께서 내 안에서 주의 성향을 드러낼 수 있도록 그분께 내 자리를 내어드리는 것을 말한다. 사람이 예수님의 성향을 흉내 내는 것은 불가능하다. 당신은 하나님의 아들의 출생지가 되고 있는가? 아니면 하나님께서 나를 변화시키시는 은혜의 기적만을 알고 있는가?

- 그리스도를 깨달음
  "도마가 대답하여 이르되 나의 주님이시요 나의 하나님이시니이다" 요 20:28.

위로부터 거듭난 상태의 가장 큰 특징은 예수님이 누구신지를 아는 것이다. 이는 나의 내면에 뭔가 발생함으로써 주를 '알아보는 것' 이다. 곧 내 눈이 영적으로 수술되어 눈이 열린 것을 뜻한다. 예수 그리스도는 내게 하나님의 '계시'인가? 아니면 단지 역사 속의 위대한 어떤 인물인가? 예수님이 누구신지에 대한 계시를 어떻게 얻는가? 매우 쉽다. 예수님께서는 성령께서 주님을 영화롭게 하실 것이라고 말씀하셨고, 우리는 성령을 구함으로 받을 수 있다고 하셨다눅 11:13. 그 약속대로 행하면 우리도 베드로와 같은 축복의 상태에 있게 된다. 이 상태에 대하여 주께서 말씀하신다. "네가 복이 있도다 이를 네게 알게 한 이는 혈육이 아니요 하늘에 계신 내 아버지시니라"마 16:17. 우리는 아들을 통해서만 아버지를 알 수 있다마 11:27. 중생이란 하나님께서 나의 영에 아들의 영을 넣으신 사건이다. 예수 그리스도의 권위를 의지하여 하나님께 성령을 주실 것을 구하라. 하나님은 그렇게 하실 것이다. 그러나 당신은 당신의 필요를 절실하게 깨닫기까지는 결코 성령을 구하지 않을 것이다.

내가 하나님께 성령을 주실 것을 구하였을 때 하나님께서 응답하셨다. 그 후 얼마나 엄청난 변화가 발생하였는지! 삶은 이 땅에서의 지옥이 아니라 이 땅에서의 하늘나라가 되었다. 주께서 당신에게 행하지 않으신 일을 주께서 행하셨다고 말하는 일이 결코 없도록 하라. 하나님은 구하는 자에게 당장 오신다. 그 사람은 현실의 삶에서 실제로 달라진 차이를 깨닫게 되는데, 특히 자신의 변화를 보며 스스로 놀라게 될 것이다. 그 변화는 의지의 노력에 의한 것이 아니라 내면에 있는 새로운 어떤 힘에 의한 변화이다.

성령을 받을 때 우리는 살리는 생명을 받은 것이요, 그 생명은 우리를 예수 그리스도께서 계시는 영역으로 올린다. 또한 우리는 이 생명으로 주님이 누구신지를 깨닫게 된다. 그리스도인의 비밀은 예수 그리스도의 완전한 신성을 아는 것이다. 예수님께서 당신의 현실의 삶 속에서 어떤 차이를 만들어 내셨는가? 기독교의 핵심은 교리나 신조가 아니라, 우리를 자유하게 하는 영적 조명, 즉 '예수님이 누구신지 아는 것'이다. 이는 늘 깜짝 놀랄 만한 사건이지, 절대로 지적 개념이 아니다. "바람이 임의로 불매 네가 그 소리는 들어도 어디서 와서 어디로 가는지 알지 못하나니 성령으로 난 사람도 다 그러하니라"요 3:8.

- 최고의 선호

"그들이 조반 먹은 후에 예수께서 시몬 베드로에게 이르시되 요한의 아들 시몬아 네가 이 사람들보다 나를 더 사랑하느냐 하시니 이르되 주님 그러하나이다 내가 주님을 사랑하는 줄 주님께서 아시나이다 이르시되 내 어린 양을 먹이라 하시고 또 두 번째 이르시되 요한의 아들 시몬아 네가 나를 사랑하느냐 하시니 이르되 주님 그러하나이다 내가 주님을 사랑하는 줄 주님께서 아시나이다 이르시되 내 양을 치라 하시고 세 번째 이르시되 요한의 아들 시몬아 네가 나를 사랑하느냐 하시니 주께서 세 번째 네가 나를 사랑하느나 하시므로 베드로가 근심하여 이르되 주님 모든 것을 아시오매 내가 주님을 사랑하는 줄을 주님께서 아시나이다 예수께서 이르시되 내 양을 먹이라"요 21:15-17.

여기서 우리 주님께서는 베드로의 직위를 회복시킬 뿐 아니라 사도직의 기초를 세우시고 계신다. 주님은 사도직을 사랑 위에 세우셨다. "네가 이 사람들보다 나를 더 사랑하느냐?" 베드로에게는 자신에 대하여 조그마한 망상도 남아 있지 않았다. 그는 자기 충족에 대하여 종지부를 찍었다요 13:37. 주님의 질문은 그가 주를 얼마나 사랑하는지를 스스로 깨닫게 하는 자신에 대한 계시였다. "내가 주님을 사랑하는 줄 주님께서 아시나이다"요 21:16.

사랑이란 나의 인격이 다른 인격을 최고로 선호하는 것이다. 성령이 당신 안에 계시면 당신은 예수님을 사랑하게 된다. 주 예수 그리스도를 가장 사랑하는 분은 성령이시다롬 5:5. 사람이 성령을 받음으로 예수 그리스도와 인격적인 관계에 들어가는데, 그때 그 관계를 통해 나타나는 첫 번째 특징은 예수님을 믿는 자들에게 영양분을 공급한다는 것이다. "네가 나를 사랑하느냐? … 나의 양을 먹이라." 이것이 우리가 구원을 받은 목적이다. 나의 개종자들'convert'라는 단어로 나와 같은 사상을 갖는 사람을 만드는 것을 의미한다.-역주을 먹이는 것도 아니며 상황에 대하여 설명을 반포하는 것이 아니라 그리스도에 의하여 보내심을 받아 성령에 사로잡혀서 주의 양을 먹이는 것이다.

성령을 받은 그리스도인이라면 주께서 위임한 이 책임에서 면제될 수 없다.

은혜 가운데 아직 어릴 때는 우리는 우리가 원하는 곳으로 간다. 그러나 예수님께서는 "네가 젊어서는 스스로 띠 띠고 원하는 곳으로 다녔거니와 늙어서는 네 팔을 벌리리니 남이 네게 띠 띠우고 원하지 아니하는 곳으로 데려가리라"요 21:18고 말씀하신다. 물론 이 내용은 베드로가 십자가에 거꾸로 못 박혀 순교할 것을 언급하신 것이지만 동시에 그의 내면 세계를 단단히 조이는 훈련을 상징하고 있다. "그리스도께서 자기를 기쁘게 하지 아니하신 것같이"롬 15:3 이제 그리스도의 영을 가진 자들마다 자신을 기쁘게 하지 않는 훈련을 해야 한다. 이 부분이 제자도에서 가장 중요한 부분이다. 우리는 죄로부터 구원 받는 것을 반대하지 않는다. 그러나 우리는 우리 자신에 대한 권리를 내려놓을 의도가 없다. 바로 이 부분에서 막힌다. 예수님은 결코 우리에게 자신에 대한 권리를 포기하도록 강요하지 않으신다. 우리 스스로 신중한 결정을 내려야 한다. 우리 주님께서 제자도를 말씀하실 때는 언제나 '만일'이라는 단어를 사용하셨다. "만일 누구든지 내 제자가 되려 하거든." 제자가 되는 것은 당신에게 달린 조건이다눅 14:26-27,33.

"이 말씀을 하시고 베드로에게 이르시되 나를 따르라 하시니"요 21:19. 삼년 전에 예수님께서 "나를 따르라"고 하실 때 베드로는 쉽게 따랐다. 예수님의 어떤 매력이 그를 휘어잡자 베드로는 조금도 주저함이 없이 주를 따랐다. 하지만 베드로가 전혀 몰랐던 존재는 바로 자신이었다. 그는 맹세와 저주로 예수님을 부인하는 자리까지 갔고 그의 마음은 찢어졌다. 그 후 성령을 받았다. 예수님이 다시 말씀하신다. "나를 따르라." 이제 베드로의 삶에는 오직 한 가지의 목표가 있을 뿐이다. 바로 주 예수 그리스도이시다. 이제 베드로는 자신의 의지와 지식을 철저하게 주님께 항복한 가운데 예수님을 따르고 있다.

예수님께서는 제자들을 다루셨던 방법으로 지금 우리를 똑같이 다루신다. 주님은 제자들과 함께 지내시면서 그들의 마음속에 진리의 씨앗을 심으셨다. 곧 주님은 주의 진리를 말씀하셨고 그 진리가 열매를 맺도록 두셨다. "내가 아직도 너희에게 이를 것이 많으나 지금은 너희가 감당하지 못하리라"요 16:12. 이 구절은 제자들이 아직 주의 말씀을 이해할 수 있는 영역으로 들어와 있지 않다는 의미이다. 제자들은 예수님께서 육체로 이 세상에 계실 때 주께서 그들에게 가르친 것들을 이해하지 못하였다. 그러나 일단 그들이 성령을 받자 그들은 주님의 말씀을 새롭게 깨닫게 되었다요 14:26 ; 16:13.

구속은 예수님께서 나에게 그분의 성향을 주실 수 있음을 의미한다. 그리고 그분이 가르치시는 모든 표준들은 이 성향을 근거로 말씀하신 것이다. 예수님의 가르침은 그분께서 우리 안에 넣으신 그 생명에게 주신 것이다.

주님의 승천의 때

- 권위 있는 통치의 약속

 "오직 성령이 너희에게 임하시면 너희가 권능을 받고 예루살렘과 온 유대와 사마리아와 땅 끝까지 이르러 내 증인이 되리라 하시니라"^{행 1:8}.

사람에게는 오직 한 주±만 계시는데 바로 주 예수 그리스도시다. 그러나 주님은 절대로 주의 권위를 주장하지 않으신다. 주님은 "너는 … 해야만 한다"고 말씀하지 않으신다. 주님께서 초기 제자들을 향하여 오래 참으셨듯이 우리를 향해서도 오래 참으신다. 그들이 성령을 받았을 때 성령께서는 그들을 완전하게 주관하셨다. 그러자 예수 그리스도의 가르침은 그들에게 새로운 의미를 갖게 되었다. 예수님께서 말씀하신 내용이 우리가 가지고 있는 개념과 맞지 않으면 우리는 주의 말씀에 전혀 신경 쓰지 않는다. 우리는 예수 그리스도께서 어떤 영적 경계선 안에 있는 자들에게만 말씀하신다는 사실을 깨닫게 된다. 예수님의 가르침은 거듭남을 통해 예수님의 성향을 받은 자들에게만 적용될 수 있다. 예수 그리스도는 인간의 운명을 그 사람이 예수님과 어떠한 관계를 갖느냐에 따라 정해지도록 하셨다^{요 3:36}. 우리 주님의 말씀에 의하면, 그리스도의 교회의 회원 자격은 하나님의 계시에 따라 예수님이 누구신지를 인격적으로 아는 것이요, 이를 모든 사람들 앞에서 공적으로 선포하는 것이다마 15:15-19.

우리 주님께서는 제자들에게 주님의 주되심을 가르치셨고 주께서 승천하신 후에는 성령을 보내실 것이라고 말씀하셨다. 그러면 성령께서는 개인적으로나 국제적으로 여러 사건들을 처리하실 것이라고 하셨다. 우리가 예수 그리스도를 주로 섬기지 않는다는 것은 주님께 자신의 권리를 양도하지 않는다는 뜻이다. 결과적으로 우리는 계속적으로 자신의 직감과 자신의 목적을 위한 열망을 가지고 우리에게 발생하는 일들을 다 망쳐놓는다. 국가나 개인들은 기독교를 한번 시험해 보고 포기해 버린다. 그 이유는 기독교가 어렵다는 것을 발견하기 때문이다. 그러나 모든 뜻을 다해 예수님을 주로 모시는 중대한 사건을 통과한 자들 중에는 주께 실망한 사람은 한 사람도 없다.

"참으로 하나님은 사람의 외모를 보지 아니하시고"행 10:34. 기독교는 개인의 편견을 잘라낸다. 베드로가 하나님께서 유대인이나 이방인이나 상관없이 동일하게 대하신다는 사실을 깨닫는 데까지는 엄청난 역사가 필요했다행 18장. 우리는 하나님께서 이전 방식대로 똑같이 일하신다고 생각하기 쉽다. 그러나 그렇지 않다. 성령은 전 세계적으로 역사하신다. 하나님께서는 주께서 성령을 "만민에게" 부으신다고 말씀하셨다욜 2:28. 하나님의 종들이 아닌 사람들도 인류를 향한 바른 비전, 곧 모든 사람들이 사랑하며 하나 되는 비전을 소유할 수 있다. 하나님의 종들과 아닌 자들의 차이점은 인류를 향한 비전보다는 어떻게 그 비전을 이룰 것인가 하는 생각에 있다. 하나님의 종들은 이 비전을 이루는 데는 오직 한 가지 방법, 곧 구속 밖에 없다는 사실을 안다. 한편, "너희 자녀들"욜 2:28은 구속적인 관점에 전혀 관심이 없는 사람들을 말한다.

> 성경이 말하는 형제애는 마침내 온 인류에 나타나게 될 참된 사랑을 의미한다. 그러나 그 형제애는 인류의 형제애가 아니라 기독교 믿음과 사랑 안에서의 형제애이다.포시스: 1848-1921, 영국 회중교회 목사이며 신학자. 챔버스는 포시스에게 많은 영향을 받았다.-역주

모든 사람은 아담으로부터 내려오는 한 혈통이기에 형제이다. 그러나 그들 모두 예수 그리스도의 형제는 아니다. 그들이 예수님의 형제가 되려면 오직 예수님과 같은 성향을 가져야 한다.

우리 주님께서 승천하시면서 주의 손을 양 옆으로 활짝 펴셨다. 제자들이 예수님을 마지막으로 본 것은 주의 못자국 난 손이었다. 그 못자국은 속죄의 상징이었다. "그 때에 어떤 사람이 너희에게 말하되 보라 그리스도가 여기 있다 보라 저기 있다 하여도 믿지 말라"막 13:21. 천사들이 선포한 내용은 "너희 가운데서 하늘로 올리우신 이 예수는 하늘로 가심을 본 그대로 오시리라"는 것이었다. 이때 승천하신 예수님께는 속죄의 자국이 있었다. 따라서 못자국 난 손과 발은 다시 오실 구속주의 가장 중요한 상징이다. '노동당 그리스도', '사회주의자

그리스도', '크리스천 사이언스 그리스도'에게는 이러한 속죄의 상징이 없다.

우리가 사로잡히는 때

"그러므로 이르기를 그가 위로 올라가실 때에 사로잡혔던 자들을 사로잡으시고 그 사람들에게 선물을 주셨다 하였도다 올라가셨다 하였은즉 땅 아래 낮은 곳으로 내리셨던 것이 아니면 무엇이냐 내리셨던 그가 곧 모든 하늘 위에 오르신 자니 이는 만물을 충만하게 하려 하심이라 그가 어떤 사람은 사도로, 어떤 사람은 선지자로, 어떤 사람은 복음 전하는 자로, 어떤 사람은 목사와 교사로 삼으셨으니 이는 성도를 온전하게 하여 봉사의 일을 하게 하며 그리스도의 몸을 세우려 하심이라"엡 4:8-12.

변모의 사건 전까지 우리 주님은 '사람으로서' 평범한 삶을 사셨다. 그러나 변모 사건 이후에는 주의 모든 것이 우리에게 친숙하지 않다. 성경은 변모 사건 이전은 주께서 사셨던 삶을 다루지만, 이후는 우리가 주의 생명으로 들어갈 수 있도록 하기 위해 주께서 무엇을 어떻게 하셨는지를 다루고 있다. 승천의 장면에서 주의 변모는 완성되었다. 우리 주님은 이 땅에 오시기 전의 본래의 영광으로 다시 돌아가셨는데, 하나님의 아들로만 돌아가신 것이 아니라 하나님의 아들이며, 동시에 인자사람의 아들로서 돌아가셨다. 이 의미는 인자의 승천으로 인하여 누구든지 주 안에서 하나님의 보좌 앞에 자유롭게 나아갈 수 있는 특권이 생겼다는 뜻이다. 우리 주님은 하늘에 들어가셔서 누구든지 하늘에 들어올 수 있도록 문을 활짝 여셨다.

우리 주님께서는 제자들에게 주님의 승천의 증거로써 주께서 그들에게 아버지의 약속하신 것을 보내시겠다고 말씀하셨다눅 24:49. 성령은 승천하신 예수님과 다른 분이다. 성령은 '하나님의 아들'을 섬기시는 분으로서 예수님께서 주의 백성들을 위해 이루신 구속의 역사들을 그들의 삶 가운데 적용하는 일을 하신다. 마치 우리 주님께서 아버지께 완전하게 순복하신 것처럼, 성령께서는 구속의 목적을 위하여 구속주 예수님께 완전한 순종을 하신다요 5:19 ; 16:13.

예수님께서 승천하신 후 주께서 보내기로 하신 은사들에 대하여 바울이 말한 것을 주시하라. "그가 어떤 사람은 사도로, 어떤 사람은 선지자로, 어떤 사람은 복음 전하는 자로, 어떤 사람은 목사와 교사로 삼으셨으니"엡 4:11. "이는 성도를 온전하게 하여 봉사의 일을 하게 하며 그리스도의 몸을 세우려 하심이라"엡 4:11-12. 주께서 세우신 목사와 교사를 알아내는 비결은 그들의 설교 및 가르침을 받을 때 우리가 예수 그리스도 안에 믿음을 세워가게 되며 주님과 친밀함을 누리게 되는가를 점검하는 것이다. 그렇게 하지 않는 사람이라면 그 사람은 주의 백성들을 위해 주님이 보내신 선물이 아니다. 오늘날 우리는 설교자를 평가할 때 설교자의 인간적인 매력을 근거로 평가하려는 경향이 있다. 하지만 우리는 그가 얼마나 성도들을 그리스도를 향한 믿음과 성품으로 자라나게 하는지로 평가할 수 있어야 한다. 주님은 "내 양은 나의 음성을 듣는다"고 말씀하셨다. 이는 설교자 및 교사의 설교와 가르침은 오직 주님과의 관계에서 나와야 한다는 것이다. "네가 나를 사랑하느냐? … 나의 양을 먹이라." 예수 그리스도와 일치가 되는 가장 중대한 순간을 지난 사람들의 특징은 세상을 향하여 문을 활짝 연다는 점이다. 성도는 이 세상 어디에 있어도 마음이 평안하다. 그는 감히 더 이상 교단이나 교구에 의해 제한되지 않는다. 그는 특별한 군중에게 속하지 않고 오직 예수 그리스도께 속한 자가 된다. 성도는 희생적인 성품을 소유함으로써 자신을 통해 다른 사람에게 하나님의 임재가 임하게 한다요 7:37-39.

"우리가 다 하나님의 아들을 믿는 것과 아는 일에 하나가 되어 온전한 사람을 이루어 그리스도의 장성한 분량이 충만한 데까지 이르리니"엡 4:13. 인격적이신 성령께서는 우리를 그리스도의 몸으로 세우신다. 예수 그리스도께서 이 땅에 오셔서 이루신 모든 일은 우리로 하여금 성령을 체험케 하는 것이다. 성령의 모든 은사는 각 개인의 영광이 아니라 주의 몸의 유익을 위한 것이다. 각 사람이 하나님과의 인격적 관계를 맺으려면 개별성은 사라져야 한다. 우리는 성령의 세례를 통하여 우리의 독자적인 개별성의 틀에서 벗어나야 하고 그 대신 우리의 인격성이 깨어나 하나님과의 교제에 들어가야 한다.

우리는 너무 자주 성경이 나누지 않는 것을 나누는 경향이 있다.

성령의 세례는 그리스도와 뗄 수 없는 체험이다. 성령의 세례는 예수님께서 보좌 우편에 오르셨다는 증거이다. 사람을 변화시키는 것은 성령의 세례가 아니라 승천하신 예수님의 능력이 성령을 통하여 사람들의 생명에 임함으로써 그들을 변화시키는 것이다. "오직 성령이 너희에게 임하시면 … 내 증인이 되리라" 행 1:8. 주님께서는 이 위대한 성령 강림과 관련하여 절대로 잊을 수 없는 진리를 말씀하셨는데, 이는 예수 그리스도께서 얼마나 많은 일을 하실 수 있는가를 증거하는 것이 아니라 성령을 받은 사람들이 예수님의 증인이 될 것이라는 진리이다. 이것이 바로 예수님의 마음에 기쁨을 드리는 길이요 우리가 어디에 있든지 주께 참된 만족이 되는 길이다.

성도의 삶은 궁수의 손에 있는 활과 화살같이 하나님의 손에 있다. 하나님께서는 성도가 볼 수 없는 무엇인가를 향하여 조준하신다. 하나님이 화살을 쏘기 위하여 활을 당기시면 성도는 종종 고통 가운데 외친다. "더 이상 견딜 수가 없습니다." 그러나 하나님께서는 신경 쓰지 않으시고 과녁이 조준될 때까지 최대한으로 활을 당긴 후 화살을 쏘신다. 우리는 이 세대가 성도들에게는 비하의 기간이라는 사실을 배워야 한다. 기독교 교회는 이 진리를 인식하지 못함으로써 엉망이 되어 있다. 다른 세대에서는 그 세대의 성도들이 이 땅에 나타날 것이다. 그러나 이 세대 속에서는 우리가 예수 그리스도의 제자들이어야 한다. 우리는 자신의 확신을 따르는 제자들이 아니라 늘 주님께만 충성하는 제자들이 되어야 한다.

오늘날 가장 부족한 것은 사람들이 기독교적 선상에서 사고를 하지 않는다는 점이다. 구원에 대하여 지식적으로 많이 알고 있으나 '그리스도의 헤아릴 수 없는 부요함'을 더 이상 탐험해 보려고 하지 않는다. 자신에 대한 권리를 주님께 완전히 양도해야 하는 부분에 대해 별로 아는 바가 없고, 예수님의 말씀은 참이라는 완벽한 확신 가운데 끝까지 '달라붙어' 강하게 인내하려는 사람들도 많지 않다.

10장 •
이제는 가능한가?

우리의 생애 가운데 과실이 없을 수는 없다. 그러나 성경은 우리가 흠이 없어야 한다고 말한다. 흠이 없다는 말은 하나님께서 보시기에 견책할 만한 것이 없어야 한다는 뜻이다. 따라서 흠이 없기 위해서는 하나님의 관점을 기억해야 한다. 하나님께서는 우리의 영과 혼과 육체의 모든 비뚤어진 것과 갈라진 틈을 꿰뚫어 보실 수 있다. 주님은 주님 보시기에 우리에게 책망할 것이 없도록 우리의 모든 관계 속에서 흠이 없기를 요구하신다.

나의 개인 생활 가운데 흠이 없으려면?

"평강의 하나님이 친히 너희를 온전히 거룩하게 하시고 또 너희의 온 영과 혼과 몸이 우리 주 예수 그리스도께서 강림하실 때에 흠 없게 보전되기를 원하노라"살전 5:23.

위의 구절은 초자연적인 거룩의 역사를 보여주고 있다. 이러한 초자연적인 거룩의 역사는 기도나 헌신 또는 신념으로 되는 것이 아니라 초자연적인 하나님의 초자연적인 능력으로만 된다.

지금 우리는 어디에 서 있는가? 아무리 작더라도 성령의 책망에 걸리는 것이 있는가? 그렇다면 당장 성령께 항복하라. 우리는 자신 속에서 일어나는 의심과 미풍처럼 조용하고 부드럽게 역사하시는 성령의 가책을 구별할 줄 알아야 한다. 지난 주 당신의 개인의 삶과 공적인 삶에서, 먹고 마시는 가운데, 성령께서 당신 마음속에서 책망할 만한 흠 되는 것들은 없는가? 거룩이란 하나님께서 친히 나의 온 영과 혼과 몸을 주님 보시기에 책망할 것이 없도록 보전하시는 것이다.

우리의 영혼을 생각해 보자. 우리의 생각, 동기, 상상, 의도는 어떠했는가? 성령께서 당신의 영혼의 활동에 대하여 못마땅하게 여기시며 견책하시는 부분은 없는가? 거룩해졌기 때문에 모든 것이 괜찮을 것이라고 생각해서는 안 된다. 현실의 삶 속에서 우리의 거룩의 증표는 하나님 앞에서 걸릴 것이 없는 흠 없는 삶이다. 물론 흠이 없다는 의미가 '과실이 없다'faultless는 의미는 아니다. 과실이 전혀 없으신 분은 오직 주 예수 그리스도 밖에 없다. 우리의 삶 가운데 과실이 없을 수는 없다. 그러나 거룩하게 됨으로써 우리는 흠 없는 삶을 살 수 있다. 우리의 성향이 초자연적으로 바뀌어 하나님의 위대한 은혜에 의하여 우리의 모든 삶이 하나님 앞에서 아주 순수하고 거룩할 수 있다. "나의 평안을 너희에게 주노라"요 14:27. 하나님의 성령은 그리스도의 말씀에 따라 놀라운 열정으로 역사하신다.

"온 영이 … 흠 없게 보전되기를 원하노라." 당신은 하나님 앞에서 영적으로 변화되고 있는가? 위 기도를 당신 자신의 기도로 드리는가? 뜻을 다해 기도하는가? 감상적으로 잠깐 원하는가? 아니면 진심인가? 바울은 우리가 다른 사람들이 보기에 흠이 없어야 한다고 말하는 것은 아니다. 우리는 사람들이 보기에 흠 없는 삶을 살 수는 없다. 예수 그리스도의 삶마저 사람들이 보기에 흠이 많았다. 주께서 이 땅에 사시는 동안 사람들은 예수님을 향하여 "먹기를 탐하고 포도주를 즐기는 사람"마 11:19이라고 비난하였다. 사람들은 주님을 미쳤다고 하며 귀신이 들렸다고 그분의 흠을 잡았다요 10:20. 그러나 하나님 앞에서 예수님은 흠이 없으셨다. 우리 중 많은 사람들이 하나님보다는 사람들 앞에서 흠이 없어 보이려고 많은 신경을 쓴다. 바울은 우리가 거룩해지고 흠이 없이 보전되기를 기도한다. 이는 사람들이 우리를 어떻게 생각하든 전혀 중요하지 않다는 것이다. 오직 중요한 것은 성령께서 우리를 어떻게 생각하시는가 하는 것이다.

만일 평강의 하나님의 능력에 의하여 거룩하게 되었다면 우리 개인의 삶은 하나님 앞에서 흠이 없게 된다. 그러할 때 우리에게는 아무것도 숨길 것이 없다. 하나님의 밝은 빛 가운데로 나아갈수록, 우리는 주께서 이루신 초자연적인 역사로 인한 말로 표현할 수 없는 위로를 깨닫게 될 것이다.

하나님 앞에서 흠 없는 삶을 사는 것은 우리 자신의 능력으로는 결코 가능하지 않다. 흠 없는 삶을 생각한다고 해서 그러한 삶을 살 수 있는 것이 아니다. 기도한다고 되는 것도 아니다. 오직 거룩해짐으로써 가능하다. 이 거룩의 역사는 오직 하나님의 완전하신 주권적 은혜의 역사에 의하여 이루어진다. "아브라함이 하나님을 믿으매 그것을 그에게 의로 정하셨다 함과 같으니라"갈 3:6. 당신은 하나님께서 당신을 거룩하게 하실 것을 믿는가? "예수는 하나님으로부터 나와서 우리에게 지혜와 의로움과 거룩함과 구원함이 되셨으니"고전 1:30. 당신은 하나님 앞에서 흠이 없을 만큼 영과 혼과 몸이 하나님과 온전한 관계가 맺어질 때까지 예수 그리스도의 생명이 당신 안에서 형성될 것이라는 어린아이 같은 확실한 믿음을 갖고 있는가? 이는 당신의 생각이나 현실의 삶이나 예배에서 완벽함을 이룬다는 의미가 아니라, 모든 것을 감찰하시는 하나님의 눈에 전혀 책잡힐 것이 없는 흠 없는 성향이 당신 안에서 계속 형성되는 것을 의미한다.

그러면 우리 개인의 삶 가운데 흠 없는 삶이 가능한가? 바울은 그렇다고 말한다. 히브리서 기자는 우리가 거룩하게 됨으로써 주님과 하나 되었다고 말한다. "거룩하게 하시는 이와 거룩하게 함을 입은 자들이 다 한 근원에서 난지라"히 2:11. 바로 이것이 우리의 삶 가운데 나타나는 예수 그리스도의 영광스러운 사역이다. 주께서 그 사역을 우리 안에서 이루셨는가? 아니면 그렇지 않은가? 이 일에 대하여 다른 사람에게 묻지 말라. 오직 성령께서 당신에게 정확하게 보여주실 것이다. 만일 하나님과 바른 관계에 있다면 당신은 어떻게 흠 없는 삶을 살 수 있는지 잘 알고 있기 때문에 이에 대해 천사에게 묻거나 그에게 감사하지 않게 될 것이다. 흠 없는 개인의 삶은 하나님의 말씀만이 증거하는 것이 아니다. 주께서는 당신을 일으키셔서 하나님의 말씀의 기준에 온전히 합당할 수 있도록 만드심으로써 주의 말씀과 당신의 삶 모두 흠 없는 삶을 증거하게 하실 것이다.

나의 사회 생활 가운데 흠이 없으려면?

"이는 너희가 흠이 없고 순전하여 어그러지고 거스르는 세대 가운데서 하나님의 흠 없는 자녀로 세상에서 그들 가운데 빛들로 나타내며"빌 2:15.

당신은 부모님과의 관계에서, 아내와 남편의 관계에서, 형제 및 자매와의 관계에서 흠이 없는가? 만일 예수 그리스도께서 우리 안에서 역사해 오셨다면 전능하신 하나님께서 주의 성령으로 우리를 자세히 조사하셔도 책망할 것이 없을 것이다. 하나님의 영은 우리의 마음이 활동하는 것처럼 역사하지 않으신다. 즉, 성령님은 의심을 가지고 일하는 적이 없으시다. 성령님은 밝은 대낮처럼 조용하고 부드럽게 역사하신다. 이곳에서 가책하시고 저쪽에서는 조명하시면서 놀라운 깨달음을 허락하신다. 우리는 "오, 감사합니다. 주께서 행하셨습니다!"라고 사람들 앞에서 단언하거나 공언할 필요가 없다. 우리는 하나님 앞에서 모든 사회적 관계를 흠 없이 해야 한다. 그러나 이것이 모든 사람과 관계가 좋아야 흠이 없다는 뜻은 아니다. 우리는 언제나 예수 그리스도의 가르침으로 자신을 평가할 줄 알아야 한다.

사회 생활에서 흠 없는 삶이 가능할까? 사도 바울은 가능하다고 말한다. 만일 하나님께서 우리의 삶을 흠 없이 만들 수 있느냐는 질문을 받으면 우리는 "그렇다"고 대답할 것이다. 그렇다면 주께서 당신의 삶을 흠 없이 만드셨는가? 만일 하나님께서 우리를 거룩하게 하시지 않고 흠 없이 만들지 않으셨다면 그 이유는 단 한 가지이다. 바로 우리가 주님께서 그렇게 역사하시기를 원하지 않기 때문이다. "하나님의 뜻은 이것이니 너희의 거룩함이라"살전 4:3. 우리는 하나님께 우리를 거룩하게 만들어 달라고 재촉할 필요가 없다. 그 이유는 우리를 거룩하게 만드시는 것이 하나님의 뜻이기 때문이다. 우리가 뜻하기만 하면 하나님은 우리를 거룩하게 하신다. 주의 뜻이 또한 당신의 뜻이기도 한가? 거룩은 하나님의 초자연적인 능력의 역사이다.

나의 영적인 삶 가운데 흠이 없으려면?

"곧 창세 전에 그리스도 안에서 우리를 택하사 우리로 사랑 안에서 그 앞에 거룩하고 흠이 없게 하시려고"엡 1:4.

"그러므로 사랑하는 자들아 너희가 이것을 바라보나니 주 앞에서 점도 없고 흠도 없이 평강 가운데서 나타나기를 힘쓰라"벧후 3:14.

전능하신 하나님, 예수 그리스도, 그리고 성령님과의 영적인 관계에서 우리에게 흠이 없는 것이 가능할까? 하나님의 말씀에 의하면 가능할 뿐 아니라 하나님께서 이를 위하여 역사하신다. "그가 빛 가운데 계신 것같이 우리도 빛 가운데 행하면 우리가 서로 사귐이 있고 그 아들 예수의 피가 우리를 모든 죄에서 깨끗하게 하실 것이요"요일 1:7. 주의 깨끗하게 하시는 역사는 우리가 의식하는 죄만 깨끗하게 하는 것이 아니다. 오히려 하나님이 보시기에 무한하게 많은 모든 죄악을 깨끗하게 하는 것이다. 나아가 맑은 수정처럼 깨끗하게 하기에 그 정결함은 하나님 보시기에 아무 더러운 것이 보이지 않는 상태이다. 이러한 정결함이 바로 주 예수 그리스도의 사역이다. 주님의 완전하신 이 사역을 조금이라도 감소시킨다면 이는 주님을 향한 신성 모독이 된다. 만일 전능하신 하나님께서 당신과 나의 삶 속에서 깨끗하게 하는 이 일을 이루지 못하신다면 우리는 "교묘히 만든 이야기를 따른 것"벧후 1:16이 된다.

만일 예수 그리스도께서 우리 안에 자신을 다시 만들어 내지 못하신다면 나사렛에서의 30년의 삶과 주님의 3년의 공생애가 우리에게 무슨 의미가 있겠는가? 만일 주께서 모든 죄로부터 우리를 깨끗케 하실 수 없다면 예수 그리스도의 십자가와 부활과 승천이 무슨 의미가 있겠는가? 그러나 하나님을 찬양하자. 하나님은 우리의 모든 죄를 완전하게, 깨끗하게 하신다! 중요한 것은, 우리가 주께서 그렇게 하시도록 하느냐 하는 것이다. 성령께서 주의 구원을 우리의 삶에서 효과적으로 역사하시려는 것을 결코 거부하지 말라. 우리 중에는 간교하게 이를 거부하면서 겉으로는 예수 그리스도를 찬양하는 사람들이 있다. 이러한 위선을 주의하라. 당신의 싸움은 당신의 의지 안에 있음을 기억하라. "나는 할 수 없다"라고 말할 때마다 또는 흠 없는 삶에 전혀 관심이 없을 때마다 이는 "나는 안 하겠다"는 뜻과 같다. 오히려 이러한 경우는 주께서 그 사람이 얼마나 완고한 사람인지 드러내시는 것이 낫다.

"나는 주께서 내 안에서 역사하시는 것을 허락할 수 없다"라고 말하는 사람은 주의 구원을 전혀 알 수 없다. 그 사람의 이러한 완고함에도 불구하고 주께서 그 완고함을 다루시도록 허락하지 않는다면 그는 의심과 냉소 가운데 다른 사람들의 삶에서 약점들을 찾기 시작한다. 그러나 주님께 자신을 완전히 항복하게 되면 주께서는 우리의 개인적인 삶, 현실적인 삶, 깊은 영적인 삶 가운데 우리의 삶을 흠 없게 만드신다. 이러한 삶은 경건한 행위로 되는 것이 아니라 오직 하나님의 주권적인 은혜가 우리 안에서 역사할 때 가능하다. 이때 우리에게는 자기를 신뢰하고 싶은 마음이 조금도 들지 않고, 오직 하나님만 신뢰하게 된다.

"능히 너희를 보호하사 거침이 없게 하시고 너희로 그 영광 앞에 흠이 없이 기쁨으로 서게 하실 이 곧 우리 구주 홀로 하나이신 하나님께"유 24-25절. 하나님께서는 이 순간에도 내가 넘어지는 것을 막을 수 있으신가? 그렇다. 하나님은 하실 수 있다. 주께서는 내가 이 순간에 죄를 짓는 것을 막을 수 있으신가? 그렇다. 자, 이것이 우리 인생의 전부이다. 만일 하나님께서 지금 이 순간에 당신을 흠 없이 보전할 수 있으시다면 그 다음 순간도 그렇게 하실 수 있다. 주께서 "너희는 마음에 근심하지도 말고 두려워하지도 말라"요 14:27고 말씀하신 것은 당연하다. 하나님의 놀라운 능력을 기억하지 못할 때 우리는 근심에 빠진다.

11장·
갈 바를 알지 못하나 나아갈 수 있는가?

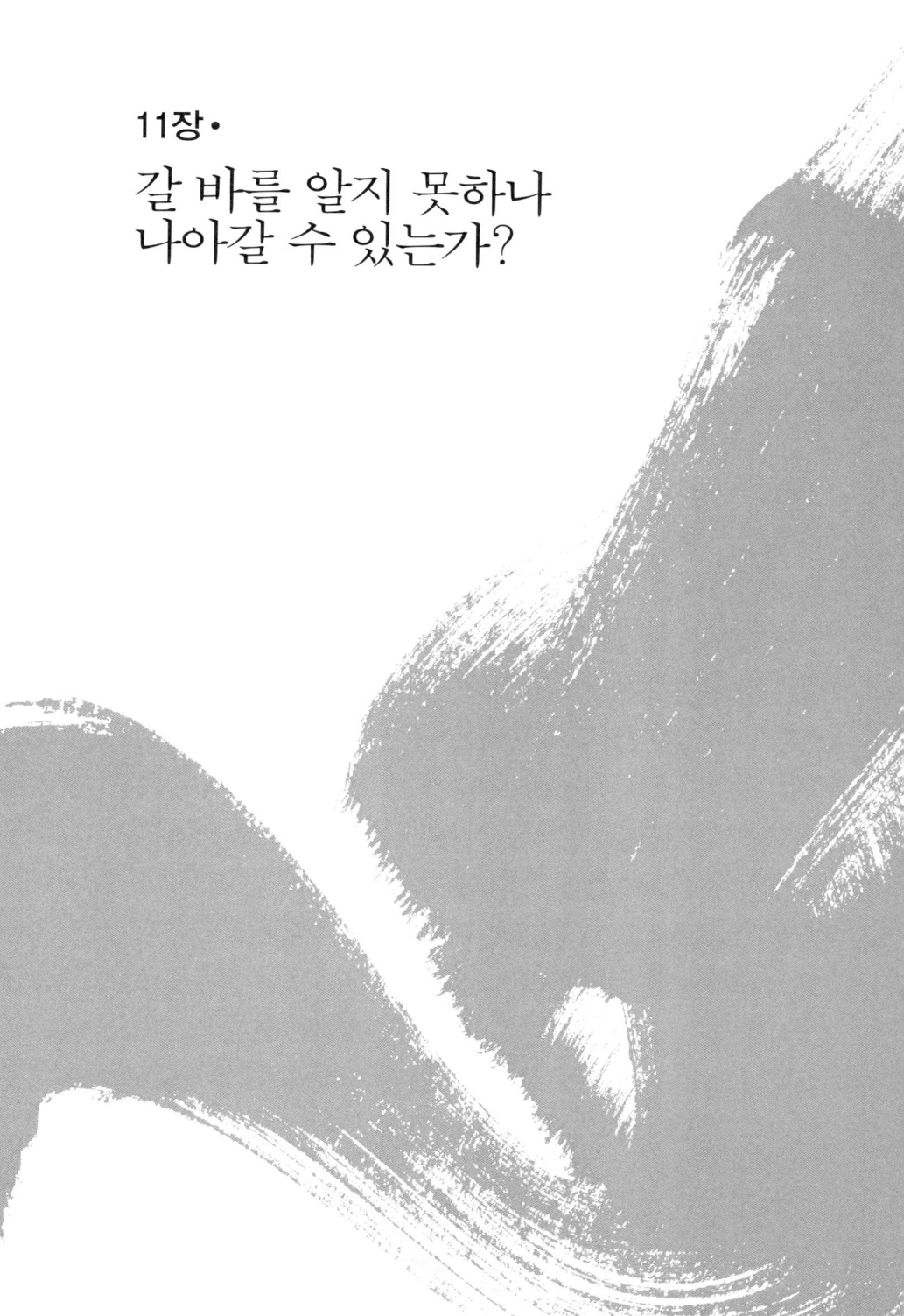

"믿음으로 아브라함은 부르심을 받았을 때에 순종하여 장래의 유업으로 받을 땅에 나아갈새 갈 바를 알지 못하고 나아갔으며"히 11:8.

갈 바를 알지 못하고 나아가는 사람은 바보거나 믿음의 사람이다. 우리가 가장 배우기 힘든 교훈은 아브라함의 삶이 보여주는 이 부분이다. 아브라함은 자신의 관점에서 세상을 보는 자리에서 벗어나 세상 사람들의 눈에 바보가 되었다.

하나님께 구별되기 위하여 나아감

"여호와께서 아브람에게 이르시되 너는 너의 고향과 친척과 아버지의 집을 떠나 내가 네게 보여줄 땅으로 가라"창 12:1.

당신은 아브라함처럼 이렇게 나아간 적이 있는가? 만일 그렇다면 누군가가 당신에게 무엇을 하느냐고 물을 때 논리적인 답변을 할 수 없을 것이다. 당신이 어떤 사람으로부터 지금 왜 이곳에서 이 사역을 하고 있느냐는 질문을 받았다고 하자. 당신은 당신도 그 이유를 모르며 또한 알고 싶지 않다고 대답할 것이다. 기독교 사역에서 매우 어려운 부분 중 하나가 바로 이 부분이다. 모든 사람이 묻는다. "이제 무엇을 하실 생각입니까?" 물론 당신은 당신이 무엇을 하게 될지 전혀 알지 못한다. 당신이 아는 단 한 가지는 하나님께서는 하나님 자신이 무엇을 하시는지 잘 아신다는 사실이다.

하나님께 성별된다는 것은 무엇보다 먼저 음식과 옷 등의 먹고사는 문제와 내일의 문제를 다 주께 맡긴다는 뜻이다. 성별은 이 세상의 관점에서 사물과 상황을 보는 당신의 모든 '친척'과 '집'에서 '나오는 것'을 의미한다. '나올 때'는 당신이 하나님께 성별된다는 확신 외에는 아무것도 보이지 않는다. 베드로는 "사랑하는 자들아 너희를 연단하려고 오는 불 시험을 이상한 일 당하는 것같이 이상히 여기지 말고 오히려 … 즐거워하라"벧전 4:12-13고 말한다. 하나님께 신실하였을 때마다 당신은 당신이 신실하였다는 사실을 의식조차 하지 못한다. 그러나 후에 그 신실함을 누군가 알려 주면, "어, 나는 그것이 시험인 줄도 몰랐습니다"라고 말하게 될 것이다. 언제나 뒤를 돌아볼 때에야 당신은 그것이 시험이었다는 것을 발견하게 된다.

우리는 하나님을 향한 우리의 자세를 계속적으로 살펴보아야 한다. 그리고 계속적으로 오직 하나님만 온전히 믿으며 세상의 모든 것으로부터 '나아가고' 있는지 확인해야 한다. 이러한 자세를 취할 때 우리는 계속적인 놀라운 주의 역사를 보게 될 것이다. 우리는 하나님을 알고 초자연적인 하나님께서 기적을 베풀어 주실 것을 알기에, 어린아이같이 감격하며 놀라는 자세를 지니게 된다. "주께서 다음에 어떤 일을 하실까!" 우리가 가장 평범하고 진부하게 여기는 것에서, 어린이들은 거인과 요정들을 본다. 예수께서는 "너희가 어린아이와 같지 아니하면" 하나님의 역사를 볼 수 없다고 말씀하셨다. 매일 아침 일어날 때마다 하나님께 신뢰를 쌓아가며 '밖으로 나아가는' 삶을 살아야 한다.

"그러므로 내가 너희에게 이르노니 목숨을 위하여 무엇을 먹을까 무엇을 마실까 몸을 위하여 무엇을 입을까 염려하지 말라"마 6:25. 당신이 "갈 바를 알지 못하고 나아가기" 전에 먹고사는 문제로 근심하지 말라. 당신은 '나아가기' 전에 자신의 생명에 대하여 많은 고민을 했으며 내일 무엇을 해야 할지를 고민했다. 그러나 지금은 예수 그리스도께서 인도하시는 공동체에 속했으니, 먼저 하나님의 나라와 의를 구하라.

하나님께 순복하기 위하여 나아감

"내가 너로 큰 민족을 이루고 네게 복을 주어 네 이름을 창대하게 하리니 너는 복이 될지라" 창 12:2.

하나님께서 큰일을 이루시도록 하나님께 자신을 다 항복하는 것과 나의 큰일을 맡기는 것은 많이 다르다. 우리는 숨이 막힐 것 같은 엄청난 계시를 얻기 위해 우리의 사소하고 가치 없는 인식들을 내려놓을 수 있어야 한다. 당신은 계시를 받아들일 만큼 겸손한가? 당신은 전능하신 하나님, 주 예수 그리스도, 성령께서 당신에게 오셔서 당신과 함께 거하실 수 있도록 하는가? 요 14:23 당신은 자신을 무가치하다고 느끼는 감정을 내려놓았는가? 또한 내 멋대로 생각하는 자세에서 벗어나 이제는 하나님께서 내 안에서 마음껏 역사하시도록 허락하겠는가?

성경에서 말하는 희생은 우리가 가진 최고의 것을 하나님께 드리는 것을 의미한다. 따라서 희생은 최고로 아름다운 예배 형태이다. 희생은 뭔가를 포기하는 것이 아니라 우리가 가진 최고의 것을 기쁜 마음으로 하나님께 드리는 것이다. 우리는 항복과 희생이라는 개념을 땅바닥으로 끌어내려 그 단어들에서 생명을 빼 버리더니 슬픔과 따분함과 멸시라는 의미로 만들어 버렸다.

성경에서 항복과 희생은 정확히 정반대의 뜻을 갖는다. 주께 항복함으로 나아가는 것은 자신이 중요하지 않다는 비참한 느낌을 항복시키는 것이다. 당신은 하나님께서 당신을 위해 가지신 위대한 생각을 위해 자신의 의기소침한 느낌을 내려놓을 의향이 있는가? 당신은

'나는 별 볼일 없고 무용하며 가치가 없고 너무 늦었다'는 사실을 주께 내어놓겠는가? 자신을 무가치하게 느끼는 감정에 붙들리면 그것은 하나님께서 일하시는 데 자만보다 더 큰 걸림돌이 된다. "나는 누구지?"라는 질문에 사람들은 즉각적으로 "나는 제대로 교육을 못 받았어", "나는 너무 늦었어"라고 대답하곤 한다. 당신은 이 모든 것을 내려놓고 하나님께 항복하고 나아가겠는가? 육에 속한 마음에서 빠져나와 영적인 생각으로 향하겠는가? 그리스도를 위해 어리석은 자가 될 수 있는가?

아브라함은 자신을 초자연적인 하나님께 전부 드렸다. 당신도 초자연적인 하나님을 붙들었는가? 당신은 하나님께서 무엇을 하실 것인지 아는가? 그것을 알 수 없지만, 당신은 주님께 믿음을 가지고 있다. 그러므로 주님은 주께서 원하시는 것을 하실 수 있다. 하나님께서 당신의 삶 가운데 초자연적인 역사를 나타내신 적이 있는가? 당신은 하나님께 무엇을 하실 것인지를 여쭌 적이 있는가? 주님은 절대로 당신에게 말씀하지 않으실 것이다. 하나님께서는 우리에게 주께서 무엇을 하실지를 결코 말씀하지 않으신다. 단지 자신이 누구인지를 계시하실 뿐이다요 14:12-13. 당신은 기적을 일으키시는 하나님을 믿는가? 주님께 항복하고 앞으로 나아가겠는가? 당신의 거룩함을 믿는가, 아니면 하나님을 믿는가? 당신의 순종을 믿는가, 아니면 하나님을 믿는가? 당신은 하나님께 완전히 순복하여 나아감으로써 주께서 무엇을 하시든 조금도 놀라지 않을 준비가 되어 있는가? 주께 온전한 믿음을 소유하면 주께서 하시는 일에 전혀 놀라지 않게 된다. 당신은 초자연적인 하나님을 모시고 있는가? 아니면 당신의 생각 속에 갇힌 하나님을 믿는가?

우리는 우쭐함 때문이 아니라 자신이 매우 작고 왜소하다는 끊임없는 생각 때문에 주께 항복하기를 거부하는 때가 많다. 그러면 우리는 작고 왜소한 것 이상으로 훨씬 더 열악해진다. 예수님께서는 "나를 떠나서는 너희가 아무것도 할 수 없음이라"요 15:5고 말씀하셨다. 자신에 대한 모든 생각들 곧 훌륭하다고 생각하는 것들이나 모자라다고 생각하는 것들 모두 주님께 내려놓고 하나님을 신뢰하는 가운데 자신을 주께 던지자. 오직 어린아이같이 나아가도록 하자.

하나님을 향해 거룩함 가운데 나아감

"이에 아브람이 여호와의 말씀을 따라갔고"창 12:4.

거룩이란 하나님께서 우리에게 말씀하신 대로 앞으로 나아가는 것을 의미한다. 우리는 말하는 것과 생각하는 것, 편지나 글을 주고받는 내용에서 어려운 상황에 처한 사람들을 만나면서, 기도할 때 등, 하나님께서 말씀하신 대로 행하고 있는가? 만일 개인의 거룩의 문제라면 자신이 처한 어려움 가운데서 하나님을 만나라.

주님은 제자들이 실수를 하였을 때 꾸짖지 않으셨다. 그러나 그들이 믿음을 갖지 않을 때는 심하게 꾸짖으셨다. 주님을 가장 놀라게 하였던 두 가지는 '적은 믿음'과 '큰 믿음'이었다. 믿음이란 주께서 무엇을 할 수 있는지에 대한 것이 아니다. 믿음은 주님 그분을 믿는 것이다. 우리에게 주님의 능력이 주님 자신보다 더 크게 여겨져서는 안 된다.

우리가 주께 가장 가까이 있을 때의 하나님을 생각해 보라. 그렇다면 걱정이라는 것이 얼마나 하나님 앞에서 경솔하고 무례한 것인지를 느끼게 될 것이다! 오늘 남은 하루 동안 얼마나 놀라운 일들이 있을까 생각해 보라. 그러나 동시에 우리가 얼마나 쉽게 알량한 우리의 작은 머리로 하나님을 배제하는지 생각해 보라. 자신의 잔꾀를 의지하는 가운데 얼마나 주님을 망각하는지 돌아보라. 우리는 주님을 과거의 창살에 가두더니 당장 쫓아낸다. 어느새 과거의 악착 같은 염려와 근심이 우리 안에 들어오더니, 마침내 우리의 삶은 예수 그리스도의 이름에 불명예를 끼치고 만다. 그러나 하나님을 온전하게 의지하는 가운데 계속적인 순종으로 '나아갈 때' 우리의 삶은 말로 표현 못할 매력의 삶이 되고 이러한 삶은 예수 그리스도께 만족이 된다.

우리는 모든 면에서 순종하며 '나아가는' 것을 배워야 한다. 인간적인 확신에서 벗어나 앞으로 나아가고, 교리에서 벗어나 앞으로 나아가며, 체험에서 벗어나 앞으로 나아가라. 믿음에 관한 한 주님께 순복하는 것 외에 모든 것에서 벗어나 앞으로 나아가 주님과 우리 사이에 아무것도 걸리는 것이 없도록 해야 한다.

12장·
예수님과 계속 동행하는가?

"너희는 나의 모든 시험 중에 항상 나와 함께한 자들인즉"눅 22:28.

우리는 우리 주께서 단 한 번 시험을 받으신 후 주의 시험이 끝났다고 생각하는 경향이 있다. 그러나 그렇지 않다. 주의 시험은 주께 생명의 의식이 있는 순간부터 시작해서 끝까지 계속되었다. 그 이유는 우리 주님의 거룩은 전능하신 하나님의 거룩이 아니라 사람의 거룩으로써 계속적으로 그 거룩을 반대하는 세력을 이겨나가면서 진행되는 거룩이었기 때문이다히 2:18 ; 4:15. 당신은 예수님과 동행하며 주께서 받으신 시험을 함께 지나는가? 주님은 우리가 시험 받을 때 우리와 함께하신다. 그러나 우리는 주께서 시험 받으실 때 주님과 함께하는가? 우리 중 많은 사람들이 주의 크신 역사를 체험한 이후 도리어 예수님과의 동행을 멈춘다. 그러더니 그들은 베드로처럼 주의 꾸지람을 듣는 순간들을 겪게 된다. "너희가 나와 함께 한 시간도 이렇게 깨어 있을 수 없더냐"마 26:40.

당신은 하나님의 일에 너무 바빠서 영적으로 게으른 것은 아닌가? 신체에 문제가 생기면 예수님과 동행하기를 멈추는가? 몸의 필요를 먼저 채워야 한다는 유혹자의 음성을 듣는가? "먹을 것이 있어야 하고 잘 살아야 하며 멋지게 입을 것이 먼저 필요하다. 그 후에야 하나님을 섬겨라!" 이 음성이야말로 그리스도인들이 항상 듣는 가장 간교한 음성이다. 천사장의 입에서 나오든 사람들의 입에서 나오든 이 음성은 마귀의 음성이다. 주님과 동행하기를 가장 우선으로 하는가? 아니면 우리의 필요, 사람들의 필요, 사회의 필요를 먼저 구하는가?

사탄은 우리에게 도덕적인 죄를 짓도록 유혹하는 선상에서 오기보다는 우리의 관점을 바꾸는 선상에서 찾아온다. 이러한 유혹은 오직 성령에 의해서만 감지될 수 있다. 이 유혹은 선교 사업에도 찾아오며 모든 기독교 사역에도 찾아온다. 교회는 예수님이 당하셨던 시험이 찾아올 때 예수님과 함께하지 않으려는 경향이 있다. 주께서 이 땅에서 몸을 입고 계실 때 당하셨던 유혹들을, 지금은 우리 몸의 성전 안에 계시면서 똑같이 당하신다. 하나님께서 당신의 상황을 바꾸실 때 당신이 주님과 함께하는지, 아니면 세상, 육신, 사탄과 함께하는지 주의하라. 우리는 주의 배지를 지니고 있다. 하지만 주님과 동행하고 있는가? "그때부터 그의 제자 중에서 많은 사람이 떠나가고 다시 그와 함께 다니지 아니하더라"요 6:66.

우리에게 다가오는 사탄은 우리가 참으로 하나님의 자녀임을 증거하기 위해서는 뭔가 엄청난 일을 해야 한다고 유혹한다. 사탄은 예수님께 "네가 만일 하나님의 아들이어든 뛰어내리라"마 4:6고 말하였다. 이와 마찬가지로 사탄은 우리에게 "네가 구원 받았으며 거룩해졌고 하나님께 진실하다면 네가 아는 모든 사람들도 다 구원 받아야 하는 것 아니냐"라고 묻는다. 만일 이 말이 맞는다면 예수 그리스도께서 하나님에 대하여 계시한 내용은 틀린 게 된다. 만일 구원을 얻고 하나님과 바른 관계를 맺음으로써 우리가 세상을 뒤집는 수단이 될 수 있다면, 예수님께서는 지금 이 시대1차 세계 대전으로 무서운 악들이 난무하는 때 - 역주에 도대체 무엇을 하셨던 것인가? 이와 같이 유혹은 우리가 누구이며 하나님께서 우리를 위하여 하신 일이 무엇인지를 증명할 수 있는 또 다른 엄청난 뭔가를 하나님이 하셔야 한다고 주장하는 것이다. 이것은 마귀의 유혹이며 이러한 유혹은 오직 성령에 의하여 감지될 수 있다.

당신은 어떤 신앙 서적이나 어떤 그리스도인의 그룹으로부터 삶의 패턴을 배우고 있는가? 아니면 삶의 모든 상황 가운데서 예수 그리스도와 동행하고 있는가? 주님과 동행할 때 우리는 주님의 고난에 동참한다는 것이 무엇인지를 이해하게 된다. 주께서 우리의 삶과 마음과 상황을 넓게 할수록 단 한 가지만이 더욱 필수적인 것이 된다. 바로 주의 시험 가운데 주와 동행하는 것이다.

우리 주님께서 하나님께 주의 삶의 공간을 모두 드렸던 것같이 당신도 하나님께 우리 삶의 모든 공간을 다 드리고 있는가? 나의 뜻을 이루는 것이 아니라 하나님의 뜻을 이루기 위하여 하나님의 아들에 의해 우리 안에 새롭게 생긴 단 한 가지의 목적만을 위하여 사는가? "예수의 생명이 또한 우리 죽을 육체에 나타나게 하려"고후 4:11 하여 주께 우리의 모든 것을 순복하였는가? 예수님께서 이 땅에 계시는 동안 계속 시험을 받으신 것같이 그러한 시험은 주님의 생명이 우리 안에 있는 동안에도 계속될 것이다. 당신은 현재의 삶 가운데 예수님과 동행하는가?

사탄은 우리를 유혹하여 악과 타협하게 한다. "죄에 대하여 그렇게 강하게 반대하지 말라. 삶은 어느 정도 쾌락과 취미도 필요한 것이다. 온 세상이 네 발 앞에 있게 될 것이다." 예수 그리스도께서도 모든 일에 우리와 똑같이 시험을 받으셨다히 4:15. 주께서 받으신 시험은 거듭나지 않은 사람들이 받는 시험과는 다른 것이었다. 예수님이 받으신 시험을 받을 때 우리는 주님과 계속 동행하는가? 아무도 보지 않는 곳에서 우리는 어떠한 사람인가? 우리 마음과 생각과 삶 속에는 하나님과 대화를 나누는 장소가 있는가? 그렇다면 마귀가 '광명의 천사'로 온다고 할지라도 우리는 마귀의 음성을 감지할 수 있을 것이다.

마귀의 모든 시험은 가장 놀라울 정도의 지혜를 가지고 인간의 눈에 펼쳐지는 모든 문제들을 충분히 이해한 상태에서 다가온다. 사탄의 나라는 간교한 지혜 위에 서 있다. 사탄은 이 선상에서 거짓을 통한 성공을 약속한다. 그러면 사람들은 이러한 사탄의 유혹을 인정하며 받아들인다. 그러나 예수 그리스도는 성공의 선상에 서 계시지 않고 거룩하며 현실적인 삶으로 나타나는 영적인 선상에 서 계신다. 만일 사람들이 예수님과 계속 동행하지 않는다면 그들은 예수 그리스도의 나라를 허무는 가르침들을 외치기 시작할 것이다.

"너희는 나의 모든 시험 중에 항상 나와 함께한 자들인즉"눅 22:28. 당신은 약간이라도 지적 개념에서 예수님과 함께하지 않는 세력들과 타협하는가? 아니면 변함없이 예수 그리스도를 향한 바른 자세를 유지하는가? 당신은 우리가 속한 이 세상 때문에 조금이라도 주님으로부터 벗어나고 있는가? 비록 미세하기는 해도 당신 안에 계시는 하나님의 아들을 질식시킨 것은 아닌가? 우리 안에 계신 하나님의 아들의 생명의 요청이 너무 영적이고 강하며, 엄격하게 거룩하고 비세상적이며, 많이 힘들고 좁으며, 지나치게 하나님의 눈만 신경 쓰는 것이라고 생각하지는 않는가? 아니면 "네, 주님, 어떤 길이라도 주님과 함께 가렵니다!"라고 말하는가?

나는 영원토록 나의 마음을 정하였네.
나는 내 주님 그리스도와 동행하겠네.

예수님의 목표가 무엇이었는지를 주목하라. 주님의 삶 속에서 가장 중요한 것은 하나님 아버지의 뜻을 행하는 것이었다. 주의 길은 세상 지혜와 성공의 길이 아니라 신실함의 길이었다.

상황이 어떠하든 하나님께서 당신의 삶 가운데 허락하시는 상황을 피하려고 하지 말라. 우리는 가끔 하나님께서 우리 주변에 허락하시는 상황으로부터 자신을 보호해야 한다고 생각한다. 절대 그렇게 하지 말라! 하나님께서는 상황을 조성하신다. 우리는 그 상황 속에서 주님께서 당하신 시험을 겪게 될 것이다. 이때 우리는 계속적으로 주와 동행해야 한다. 그 상황들은 주께서 친히 겪는 시험들이다. 즉, 우리에게 오는 시험들이 아니라 우리 안에 계시는 하나님의 아들에게 오는 시험들이다.

만일 당신이 하나님의 자녀로서 당하는 간교한 시험들에 대해 하나님의 아들의 생명이 없는 사람들에게 말해 주면 그들은 당신을 비웃을 것이다. 우리는 이 세상의 권세 잡은 마귀와 어깨를 맞대고 부딪치면서 끊임없이 자신이 영적으로 어떠한지에 대한 실제적 평가를 내려야 한다. 당신은 당신의 몸 안에서 친히 시험을 이겨내시는 주님과 동행하고 있는가? 당신은 정신적, 도덕적, 영적 삶의 모든 시험 가운데 늘 하나님께 신실하며 주님과 동행하는가? 바로 이것이 예수 그리스도께서 우리를 향하여 가지시는 단 한 가지의 관심이다.

"너희는 나의 모든 시험 중에 항상 나와 함께한 자들인즉"눅 22:28. 당신은 예수님과 계속 동행하고 있는가? 그 길은 겟세마네를 통과하여 성문을 지나며 마침내 진 밖으로 나아가는 길이다. 그 길은 외롭고 쓸쓸하며 아무런 발자국도 남겨져 있지 않다. 그 길 위에서는 오직 "나를 따르라"는 음성만 들린다.

"주께서 그러하심과 같이 우리도 이 세상에서 그러하니라" 요일 4:17. 예수님은 이 세상의 어디에 계시는가? 주님은 그 어느 곳에서도 외적으로 보이지 않으신다. 그러나 우리는 예수님처럼 드러나지 않게, 참되게, 그리고 절대적으로 하나님께 충성해야 한다. 시험은 적당한 때 찾아와서 시작되는 것이 아니다. 유혹은 언제 어디서나 항상 우리에게 있다. 그러나 그러한 시험들 가운데서 예수님과 계속 동행한다면 바로 그 길이 우리의 생명이 거룩하게 되는 길이요, 마침내 하나님의 영광을 드러내는 길이다.

13장 •
불확실한 미래로 인한 은혜로움

"사랑하는 자들아 우리가 지금은 하나님의 자녀라 장래에 어떻게 될지는 아직 나타나지 아니하였으나 그가 나타나시면 우리가 그와 같을 줄을 아는 것은 그의 참모습 그대로 볼 것이기 때문이니"
요일 3:2.

미래가 불확실할 때 우리는 그 불확실함을 나쁜 것으로 여기는 경향이 있다. 그 이유는 우리가 너무 계산적이고 상식적이기 때문이다. 우리는 어떤 목표를 이루어야 한다고 생각한다. 그래서 지금까지 자신들의 목적을 하나씩 이루며 살아왔다. 또한 이 세상의 일들은 쉽게 그 목적들이 이루어지기도 한다. 그러나 영적인 삶의 속성은 그렇지 않다. 영적인 삶의 속성은 언제나 분명하게 '불확실'하다. 따라서 우리는 영적으로는 그 어느 곳에도 '보금자리'를 만들 수 없다. 조직이나 교리나 신앙을 우리의 영적인 '보금자리'로 만들어 버리면 그 즉시 우리는 가장 큰 영적 재난을 당하게 된다. 사실 모든 인간적 '확신'들은 영적인 죽음을 가져온다. 선동적인 작가인 체스터턴은 "모든 인간적 확신은 죽은 확신이다"라고 말하였다. 내가 뭔가를 확신하는 즉시 다른 무엇인가가 죽는다. 예를 들어, 내 아기가 더 이상 아기가 아니라 작은 소녀라고 확신하는 순간 내게는 더 이상 아기가 없게 된다. 독신 생활이 끝나고 결혼 생활이 시작되었다고 확신하는 순간에 나의 독신 생활은 사라진다. 믿음의 영역에서 나의 교리를 확신할 때마다 나는 영혼 안의 하나님의 생명을 죽인다. 그 이유는 그 순간부터 하나님을 믿는 것이 아니라 나의 믿음을 믿기 때문이다.

성경을 통하여 보면 불확실한 영역은 희락과 기쁨의 영역이다. 반면 믿음을 확신할 때 영적 궁핍이 임하는 것을 볼 수 있다. 하나님을 확신한다는 것은 삶의 불확실을 의미한다. 반면 내 믿음을 확신한다는 것은 하나님을 확신하지 않는 것이다. 인간적 확신은 상식적인 삶의 증표이다. 반면 불확실 속에서 은혜를 누리는 것은 영적인 삶의 증표이다. 하나님의 은혜와 불확실은 반드시 함께 간다. 수학은 이성과 상식을 사용하는 법칙이다. 그러나 믿음과 소망은 영적인 법칙이다. "믿음은 바라는 것들의 실상이요 보이지 않는 것들의 증거니"히 11:1.

영화롭게도 우리는 다음 단계에 대하여 불확실하지만 하나님을 확신한다. 주께 나의 모든 것을 맡기고 가장 가까운 의무부터 감당하기 시작하면 주께서는 언제나 우리의 삶을 놀라운 일들로 가득 채우신다. 반면에 고정된 신조를 옹호하는 자가 되면 뭔가 소중한 것을 잃는다. 모든 인간적 확신은 반드시 뭔가 중요한 것을 죽인다. 어떤 인간적 믿음을 확신하게 되면 우리는 하나님을 믿는 것이 아니라 하나님에 대한 우리의 믿음을 의지하는 것이기 때문에 삶 가운데 하나님은 죽게 된다. 예를 들어 욥의 친구들이 그러했다. 그들은 하나님에 대한 자신들의 믿음을 믿었다. 그 후 그들은 하나님과 욥을 하나님의 표준이 아니라 그들의 믿음의 잣대로 평가해 버렸다. 신조를 고백하는 종교들은 어쩔 수 없이 놀라움의 여지를 비워두지 못한다. 우리는 하나님을 주의 법률 안에 가두거나 교단의 교리, 예배 순서 등에 가둔다. 결과적으로 우리는 하나님을 전혀 만나뵙지 못한다.

일반인들은 대체로 자신들의 믿음을 정확하게 표현하지 못한다. 이상한 일은 교인들이 선과 진리와 공의에 대한 자신들의 믿음을 예수 그리스도와 교회로 연결하지 못한다는 점이다. 이는 교회들이 예수 그리스도를 제대로 제시하지 못하기 때문이다. 하나님과 영적인 삶을 한쪽 구석으로 밀어두지 말라. 그렇게 할 수 있다는 생각은 치우친 믿음의 재앙일 뿐이다. 주님을 중심으로 하는 영적인 삶이 우리 삶의 전부가 되어야 한다. 우리는 모든 '자원'을 다 가지고 있다. 그러나 그리스도를 의지하지 않는다면 그 누구도 이 무한한 자원을 누릴 수 없다. 예수 그리스도께서 말씀하셨다. "너희가 돌이켜 어린아이들과 같이 되지 아니하면 결단코 천국에 들어가지 못하리라"마 18:3. 어린아이는 부모님만 확신하고 다른 모든 것에 대해 확신하지 못한다. 그들은 부모님만 있으면 평강을 누린다. 그러나 모든 것이 다 있어도 부모님이 안 보이면 불안해 한다. 어린아이들은 부모님을 확신하는 가운데 어느 곳, 어떤 상황에서도 가장 완벽하고 건강한 즐거움을 누린다.

참생명의 예기치 못한 반응

"바람이 임의로 불매 네가 그 소리는 들어도 어디서 와서 어디로 가는지 알지 못하나니 성령으로 난 사람도 다 그러하니라"요 3:8.

이 말씀은 주님의 생각을 전달하는 내용인데, 우리는 주의 생각이 어떠한지 거의 신경 쓰지 않는다. 주께서 이 구절에서 강조하시는 부분은, 성령의 역사는 인간적으로 예상할 수 없다는 것이다. 우리는 성령께서 어떤 교단들과 모임을 통해 이렇게 저렇게 역사하실 것이라고 말할 수 없다. 사람들은 부흥 집회에서 기도 응답으로 영적 부흥이 시작되었다고 말한다. 그러나 이러한 말은 대단히 의심스럽다. 그 이유는 영적 부흥은 완전히 하나님의 생명의 예기치 않은 역사이기 때문이다. 하나님의 생명은 어디서든지 역사하시기에, 사람이 하나님의 역사를 예측할 수 없다. 하지만 놀랍게도 이 점 때문에 그리스도인의 삶은 엄청난 기쁨이 있다. "성령으로 난 사람도 다 이러하니라"요 3:8.

하나님을 확신한다는 것은 우리의 다른 모든 일들이 불확실하다는 사실을 기쁘게 받아들이는 것이다. 우리는 하루에도 무슨 일이 발생할지 알지 못한다. 보통 이러한 상황에서 사람들은 한숨을 쉬지만, 하나님을 확신하는 자들에게는 한숨이 아니라 숨 막히는 기대로 가득 차게 된다. 이러한 마음 상태는 순전히 영적인 차원에서 발생하는 것이며 하나님을 향한 확신으로 어린아이 같은 기대로 가득 차게 되는 상태이다. 하나님을 확신할 때 우리는 언제나 불확실한 미래 속에서 은혜로운 기쁨 가운데 살게 된다. 반면 자신의 믿는 바에 대해 확신하는 사람들은 늘 긴장 가운데 살아가며 어디에서도 하나님을 만나뵐 것을 전혀 기대하지 못한다.

- **죽음의 경계선**

  "예수께서 이르시되 내가 진실로 진실로 너희에게 이르노니 인자의 살을 먹지 아니하고 인자의 피를 마시지 아니하면 너희 속에 생명이 없느니라" 요 6:53.

이 말씀은 슬픈 말씀이 아니라 기쁨으로 충만한 말씀이다. 순종이나 기도나 영성 훈련 등을 통해 하나님의 생명을 얻을 수 있다고 생각하는 것은 틀린 생각이다. 우리는 죽음의 경계선을 깨달아야 한다. 철광석이 식물계에 들어갈 가능성이 전혀 없는 것같이 우리가 스스로 하나님의 생명을 얻을 가능성도 마찬가지이다. 우리가 하나님의 나라에 들어갈 수 있는 유일한 원인은 하나님께서 우리를 불쌍히 여기셔서 몸을 아래로 구부려 우리를 들어 올리시기 때문이다. 바로 이것이 정확하게 예수 그리스도께서 행하기로 약속하신 것이다. 영적인 삶의 바탕은 우리 주님께서 가르치신 대로 '가난'이다. "심령이 가난한 자는 복이 있나니 천국이 그들의 것임이요"마 5:3. 의지가 강한 자도 아니고 기도의 사람도 아니며 헌신된 사람이 아니라 오직 자신이 약하다는 것을 아는 자가 복 있는 것이다.

우리가 그 자리에 있게 될 때 하나님의 생명은 언제든지 예기치 않게 임하신다. 믿음에 의하여 하나님의 생명이 임하는 것이 아니다. 사실 이러한 가르침은 잘못되었다. 믿음이란 하나님께서 어떻게 하실지 모르지만 그저 하나님께 내 자신을 다 드리는 것이다. 우리의 믿음 안에서 하나님께서는 주의 방법으로 언제든지 역사하실 수 있다. 죽음의 경계선을 인식한다는 것은 축복이다. 이 뜻은 우리 자신 안에는 하나님의 속성과 관련된 것이 아무것도 없음을 깨닫는 것이다. 그러할 때 하나님의 생명이 우리 안에 언제든지 임할 수 있다.

우리는 영적인 삶도 수학적인 상식적 사고방식을 가지고 확신의 단계에 다다를 수 있을 것으로 생각한다. 물론 영적인 삶을 시작하기 전까지는 뭐든지 확신한다. 그러나 영적인 삶이 시작되면 영광스럽게도, 우리는 확신할 수 있는 것이 하나도 없게 된다. 우리는 우리의 삶이 어떻게 전개될지 또는 무슨 일들이 발생할지 전혀 알 수 없다. 하나님께서는 종종 우리를 죽음의 경계선에 남겨두신다사 50:10-11. 주께서는 언제나 죽음의 측면과 삶의 측면에서 우리를 다루신다.

죽음의 측면은 가장 유익이 되는데, 그 이유는 우리가 죽었으며 아무 쓸모가 없고 아무것도 할 수 없다는 것을 깨달을 때 갑자기 하나님의 생명이 우리에게 임하게 되면서 참된 생명의 예외적인 놀라운 일들이 발생하기 때문이다.

- **분별의 바탕**
  "사람이 거듭나지 아니하면 하나님의 나라를 볼 수 없느니라"요 3:3.

"너는 반드시 거듭나야 한다." 이 말씀은 하나님 나라의 기초를 언급하신 것이다. 우리가 이 세상에 태어날 때도 자신의 힘으로 할 수 없듯이 영적으로 거듭나는 것도 우리 스스로 할 수 있는 일이 아니다. 따라서 우리는 스스로 거듭날 수 있다고 말할 수 없다. 스스로 예수님을 믿을 것이라고 말할 수도 없고 스스로 성령을 받을 것이라고 말할 수도 없다. 하나님 나라와 관련해 우리가 할 수 있는 일은 아무것도 없다. 예수님께서 "바람이 임의로 불매 … 성령으로 난 사람은 다 그러하니라"요 3:8고 말씀하셨다. 우리 자신 안에는 생명이 없고 우리가 자신을 재창조할 수 없다는 것을 깨닫는 자세를 지닐 때 그 즉시 하나님께서는 주의 놀라우신 생명으로 우리에게 임하신다. 영적인 나라의 기초는 "심령이 가난한 자는 복이 있는 것"이다. 우리가 위로부터 거듭날 때 그 첫째 특징은 분별하기 시작한다는 사실이다. "사람이 거듭나지 아니하면 하나님 나라를 볼 수 없느니라." 거듭난 후에 우리는 분별하기 시작한다. 어떤 전율적인 체험을 하게 된다는 의미가 아니라 모든 사물과 상황을 다른 각도에서 보기 시작한다는 뜻이다. 이러한 하나님 나라를 '보는' 역사는 영적인 놀라운 생명이 우리 안에 임하였다는 뜻이다.

- 성령의 인도하심
"너희는 주께 받은바 기름 부음이 너희 안에 거하나니 아무도 너희를 가르칠 필요가 없고 오직 그의 기름 부음이 모든 것을 너희에게 가르치며 또 참되고 거짓이 없으니 너희를 가르치신 그대로 주 안에 거하라"요일 2:27.

우리가 우리 안에 거하는 하나님의 생명에게 충성할 때 하나님의 영이 우리를 인도하신다. 우리 모두에게 있는 위험은 서로 인도하려는 자리를 원하는 데 있다. 우리는 젊은 사람들을 그냥 내버려 두면 불안하다고 한다. 우리는 하나님께서 그들을 다루실 것을 믿지 않는다. 우리는 "나는 하나님께서 나를 인도하실 수 있다고 믿지. 그 이유는 나는 지혜롭기 때문이야. 그러나 네 경우는 분명히 잘못될 것이 뻔하기 때문에 내가 너를 인도해야겠다"라고 말한다. 그러나 영적인 삶을 인도하시는 하나님의 방법은 인간적인 방법과 다르다. 하나님의 방법은 하나님의 생명의 초자연적인 방법이다.

참사랑의 자발성

"사랑은 오래 참고 사랑은 온유하며 시기하지 아니하며 사랑은 자랑하지 아니하며 교만하지 아니하며 무례히 행하지 아니하며 자기의 유익을 구하지 아니하며 성내지 아니하며 악한 것을 생각하지 아니하며 불의를 기뻐하지 아니하며 진리와 함께 기뻐하고 모든 것을 참으며 모든 것을 믿으며 모든 것을 바라며 모든 것을 견디느니라 사랑은 언제까지나 떨어지지 아니하되 예언도 폐하고 방언도 그치고 지식도 폐하리라"고전 13:4-8.

사랑은 자발적이다. 즉, 미리 계획된 것이 아니다. 사랑은 언제나 특이하게 생겨난다. 바울이 말하는 사랑은 수학적으로 맞는 것이 하나도 없다. 우리는 "나는 악한 것을 생각하지 않을 예정입니다. 모든 것을 믿을 예정입니다"라고 말할 수 없다. 사랑의 특징은 전부 저절로 생긴다는 점이다. 우리 안에 있는 하나님의 생명으로 행하는 모든 일들은 그 일들이 다 되기 전까지는 절대 그 본질을 알 수 없다. 뒤를 돌아볼 때에야 어떤 특별한 감정과는 상관없는 예외적인 뭔가가 그 자리에 있었음을 발견하게 된다. 신앙은 예수 그리스도의 가르침을 눈앞에 표준으로 세워두고 내 힘으로 그 표준을 지키려고 하는 것이 아니다. 하나님의 생명을 받아 그 생명에 따라 살다보면 자신도 모르게 자발적으로 주님의 가르침에 따르게 되는 것이다. 어느 날 뒤를 돌아보면 우리는 이 땅에서 가장 놀라운 존재였다는 사실을 보게 되면서 자발적인 참사랑의 증거가 우리의 삶 가운데 나타났음을 깨닫게 된다.

- 사랑의 샘
  "이는 나를 사랑하신 사랑이 그들 안에 있고 나도 그들 안에 있게 하려 함이니이다" 요 17:26.

사랑의 샘은 하나님 안에 있다. 이 의미는 다른 그 어떤 곳에서도 사랑을 발견할 수 없다는 뜻이다. 하나님의 사랑을 인간의 마음속에서 찾으려고 하는 것은 얼토당토않다. 예수 그리스도의 생명이 사람들의 마음속에 없는 것같이 하나님의 사랑도 그들의 마음속에 없다. 사랑과 생명은 하나님, 예수님, 성령님 안에 있다. 하나님께서 사랑과 영생을 우리에게 주시는 이유는 우리가 받을 자격이 있어서가 아니라 우리를 향하신 주의 특별한 은혜 때문이다. 우리는 본성적으로 원수를 미워할 수밖에 없기 때문에 "나는 원수를 사랑할 거야"라고 추상적으로 말할 수 없다. 그러나 하나님의 사랑이 우리 안에 있으면 실제로 억울한 일을 만드는 원수가 생겨나도 그 원수를 미워하지 않는 자신을 보게 된다. 요점은, 사랑의 샘은 우리 안이 아니라 성령 안에 있다는 사실이다. 우리는 성령께 우리에게 임하시라고 명령할 수 없다. 우리는 하나님을 믿을 뿐이다. 그러면 주께서 모든 것을 하신다.

만일 내가 아내를 사랑한다는 증거를 보여주기 위해 상황을 조작하기 시작한다면, 이는 이미 아내를 사랑하지 않고 있다는 확실한 증표일 뿐이다. 만일 우리가 얼마나 하나님을 사랑하는지를 보여주려고 한다면, 이는 우리가 하나님을 사랑하지 않는다는 분명한 증표이다. 우리가 하나님을 사랑하면 그 증거는 완벽하게 저절로 나타나야 한다. 그 증거는 조작에 의하여 만들어지는 것이 아니라 자연스럽게 나타나야 한다. 사랑을 할 때 왜 하냐고 질문을 받으면 아무 대답할 말이 없다. 그냥 사랑의 속성에 따라 저절로 사랑하는 것이기 때문이다. 물론 흉내는 가능하다. 우리는 사랑을 가장할 수 있고 사랑하는 것처럼 행동할 수 있다. 그러나 실제 사랑은 자발적이다. 영적인 삶도 사랑과 마찬가지이다. 영적인 삶에 위험이 다가오는 때는 어느새 영적인 삶에 상식이 들어와 논리를 펴는 때이다. "그래, 내가 그 상황에 처한다면…." 이렇게 될 경우 영적인 삶은 엉망이 된다.

우리는 우리가 처해본 적이 없는 상황에 처한 것처럼 가정할 수 없다. 그러므로 삶은 분명히 불확실하며 우리가 확신할 수 있는 것은 오직 하나님 밖에 없다. 우리가 처한 불확실한 상황 가운데 모든 사랑의 특성이 나타나는 근원은 우리 안에 있는 하나님의 생명이다. 따라서 우리가 기도하고 순종한다고 해서 사랑의 특성들이 나타나는 것이 아니다. 사랑의 특성들은 하나님의 속성에 속한 것들이기에 하나님의 생명이 나타나야 한다.

"한 날의 괴로움은 그날로 족하니라"마 6:34. 이 땅에서 현재의 안정을 추구하려는 악에 빠지지 않도록 주의하라. 상식적으로 볼 때 모든 것을 다 어둡게 만들 만한 많은 염려스러운 일들이 있지만, 그러한 염려스러운 상황에도 불구하고 하나님의 참생명은 자발적인 사랑의 샘물 가운데 흘러넘친다. 그 사랑의 샘은 우리에게 주어진 성령 안에 있다.

- 생명의 힘
"믿음으로 말미암아 그리스도께서 너희 마음에 계시게 하시옵고 너희가 사랑 가운데서 뿌리가 박히고 터가 굳어져서 능히 모든 성도와 함께 지식에 넘치는 그리스도의 사랑을 알고 그 너비와 길이와 높이와 깊이가 어떠함을 깨달아 하나님의 모든 충만하신 것으로 너희에게 충만하게 하시기를 구하노라"엡 3:17-19.

그리스도께서 우리 마음에 계시게 하는 것은 감정이나 논리적인 사고가 아니라 믿음이다. 생명의 힘은 우리가 무엇을 할 수 있다는 확신에 있는 것이 아니라 하나님께서 하실 것이라는 완벽한 확신에 있다. 우리는 오직 우리가 신뢰하는 한 분 하나님만 확신한다. 우리 삶의 힘은 우리 힘이 하나님 안에 있다는 사실을 아는 데 있다. "그리스도의 사랑을 알고 그 너비와 길이와 높이와 깊이가 어떠함을 깨달아." 즉, 우리는 어떠한 방법으로도 그리스도의 무한한 사랑에서 벗어날 수 없다. 지식을 초월하는 그리스도의 사랑을 알면 우리는 염려와 걱정으로부터 자유롭게 된다. 또한 우리는 생명의 힘으로 자발적으로 넘치는 기쁨과 사랑 가운데 해야 하는 일들을 온종일 행하게 된다. 어떻게 내 삶 가운데 나타나는 하나님의 능력을 측량할 수 있을까? 성도인 내게 나타나는 하나님의 위대한 능력은 하나님께서 죽은 자로부터 예수님을 부활시키실 때 보여주셨던 바로 그 능력과 같은 것이다엡 1:19.

- 최상의 충성
"그런즉 믿음, 소망, 사랑, 이 세 가지는 항상 있을 것인데 그중의 제일은 사랑이라"고전 13:13.

믿음보다 위대하고 소망보다 위대하며 당신이 언급할 수 있는 그 어떠한 것보다 더 위대한 것은 사랑이다. 사랑은 하나님의 속성 그 자체이다. 우리 안에 있는 영적인 생명의 실체가 하나님께 드려졌는지를 알고 싶으면 불확실한 현실 속에서 우리의 삶이 은혜로운지를 보면 된다. 일반적인 상황에서는 성도와 위선자가 비슷하게 보일 수 있기 때문에 분간하기 어렵다. 그러나 불확실한 현실 속에서 사람은 겉치레의 모습이 제거되고 본래 정체가 드러난다. 이때 악독한 정체가 드러나든지 아니면 하나님의 생명이 나타나게 되어 있다.

현실적인 상황 가운데 우리는 우리가 사랑하는 하나님께 기반을 두어야지, 뭔가 다른 것을 믿는 우리의 믿음에 기반을 두어서는 안 된다. 예수 그리스도께서는 현대의 복음주의자들이 외치는 "예수 그리스도에 대하여 여차여차한 것들을 믿으십시오"라는 말씀을 하신 적이 없다. 주님은 상황과 상관없이 "나를 믿으라"고 말씀하셨을 뿐이다. 이는 "모든 것을 주께 맡기라"는 뜻이다. 당신은 가장 가까운 곳에 놓인 이 현실적인 생명 외에는 다른 아무것과도 상관할 필요가 없다. 주님께서 어떻게 역사하실지 불확실하지만 분명한 것은 주께서 오셔서 역사하신다는 사실이다. 우리의 삶 가운데 가장 중요한 일은 주님께 항상 충성하는 것이다. 우리가 충성할 때 하나님의 사랑은 우리 안에서 역사함으로써 우리의 충성을 증명해 준다.

참빛은 갑자기 임함

"그들의 눈이 밝아져 그인 줄 알아 보더니"눅 24:31.

빛이란 지적인 면과 영적인 면, 이 두 면에서의 직감적인 분별력을 상징한다. 우리가 예수 그리스도를 만나 뵈면 그 즉시 주님은 우리의 실제 삶, 즉 '빛 가운데 성도의 유업'을 붙드신다. 갑작스러운 영적인 빛에 의하여 주님을 알아보게 되면 그 후로 우리는 일상의 상식적인 삶 가운데서도 주를 뵌다.

- 기대하지 않은 문제들

    "전에 고통 받던 자들에게는 흑암이 없으리로다 옛적에는 여호와께서 스불론 땅과 납달리 땅이 멸시를 당하게 하셨더니 후에는 해변 길과 요단 저쪽 이방의 갈릴리를 영화롭게 하셨느니라 흑암에 행하던 백성이 큰 빛을 보고 사망의 그늘진 땅에 거주하던 자에게 빛이 비치도다 주께서 이 나라를 창성하게 하시며 그 즐거움을 더하게 하셨으므로 추수하는 즐거움과 탈취물을 나눌 때의 즐거움 같이 그들이 주 앞에서 즐거워하오니 이는 그들이 무겁게 멘 멍에와 그들의 어깨의 채찍과 그 압제자의 막대기를 주께서 꺾으시되 미디안의 날과 같이 하셨음이니이다 어지러이 싸우는 군인들의 신과 피 묻은 겉옷이 불에 섶같이 살라지리니"사 9:1-5.

이 구절의 특징은 예기치 않은 일들이 발생한다는 것이다. 우리의 입가에 웃음이 피고 우리의 혀로 찬양할 날이 온다는 것이다. 우리는 그러한 일들이 우리에게 발생할 것을 꿈도 꾸지 못하였다! 이러한 흥분된 마음 상태는 주로 재난 때문에 생긴다. 놀라운 것은 그들의 영혼이 회복되는 때는 상황이 바뀌어 푸른 초장에 있게 되는 때가 아니라 오히려 여전히 흑암 골짜기에 있을 때이다. 물론 우리는 구름 속으로 들어가는 것을 두려워한다. 그러나 그러한 흑암 가운데 갑자기 참빛이 비친다. 우리는 실제 슬픔과 어려움을 당하면서 이러한 증거를 얻게 된다. 즉, 그 자리에 전혀 예기치 않았던 참빛이 갑자기 비치더니 불현듯 흑암의 일들의 의미를 깨닫게 되는 것이다. 이러한 깨달음은 다른 방법으로는 얻을 수 없다.

- 실현될 수 없는 해석들
"내가 주께 대하여 귀로 듣기만 하였사오나 이제는 눈으로 주를 뵈옵나이다 그러므로 내가 스스로 거두어들이고 티끌과 재 가운데에서 회개하나이다"욥 42:5-6.

욥은 "내 눈이 주를 뵈니 내가 말하였던 것들을 후회한다"고 말하고 있다. 즉, 스스로 확신하며 말하였던 것들을 후회하고 내가 알고 있다고 자신 있어 했던 완고한 모습을 싫어한다는 뜻이다. 그러나 지금은 바르게 본다는 말이다. 욥의 상황을 보며 신기한 것은 주께서 욥의 질문에 대답하신 것이 아니라 계속 욥에게 복잡한 문제들을 질문하셨다는 점이다. 주께서 끝없이 더 많은 질문을 던지시자 마침내 욥은 항복하고 고백한다. "이제 내가 주를 뵈옵나이다." 이때 욥이 뭔가 논리적으로 인식하게 되었다는 뜻이 아니다. 그가 발견한 것은 하나님만이 온전히 모든 것을 해석하실 수 있다는 것이었다. 욥은 진리란 지성에 의하여 얻을 수 있는 것이 아니라 도덕적 의식윤리적 개념보다는 전인격이 순종 또는 불순종의 '선택'을 하는 차원인 인간의 자유의지와 관련된 용어이다. – 역주에 의해 얻을 수 있는 것임을 깨달았다. 진리는 언제나 지식적 차원이 아니라 순종이라는 영적 바탕 위에 선다. 영적 차원에서 하나님과 바른 관계를 맺는 순간 우리는 진리를 인식하게 된다. 우리는 언제나 지적으로 예리한 사람과 영적으로 예리한 사람의 차이를 볼 수 있다. 후자는 사람들의 양심을 흔들지만, 전자는 지식을 더해 줄 뿐, 도덕적인 삶에 아무런 능력을 주지 못한다.

- 수고하지 않은 수확

"능히 너희를 보호하사 거침이 없게 하시고 너희로 그 영광 앞에 흠이 없이 기쁨으로 서게 하실 이 곧 우리 구주 홀로 하나이신 하나님께 우리 주 예수 그리스도로 말미암아 영광과 위엄과 권력과 권세가 영원 전부터 이제와 영원토록 있을지어다 아멘"유 24-25절.

우리의 삶은 우리가 수고하지 않은 것들로 둘러싸인 채 풍요롭다. 물론 이러한 수고하지 않은 수확을 주는 분은 하나님이시다. 대부분의 사람들은 흔히 이렇게 말한다. "내가 내 역할을 다하면 하나님께서 모든 것이 잘되도록 하실거야." 그러나 구속의 문제에 대해 이렇게 말한다면 그 말은 사람이 스스로 생각해낼 수 없는, 마귀의 거짓말이 될 것이다. 아무튼 일반인이 뜻하는 바는 "내가 내 역할을 다하면 하나님께서 나머지를 알아서 하실 것"이라는 것이다. 물론 하나님은 그렇게 하신다.

모든 것의 바탕은 구속이다. 구속은 이미 완성되었다. 우리가 깨달아야 하는 핵심은 하나님께서 우리를 구원하셨다는 것과, 따라서 우리가 해야 하는 것은 얻은 구원을 현실의 삶 가운데 나타내야 한다는 것이다. 그러할 때 지금 이곳에서 예수 그리스도께 가치 있는 삶을 살 수 있다. 우리는 구속 받을 사람들이 아니다. 이미 구속 받았다. 이는 계시이기 때문에 우리가 논리적으로 깨닫게 되는 문제가 아니다. 만일 구속을 인간 삶의 바탕으로 여기지 않는다면 우리는 빠져나갈 길이 없는 문제들에 부딪히게 될 것이다. 사람을 구속하는 분은 하나님이시다. 일단 이 깨달음이 우리 마음속에 빛을 비추면, 우리 안에는 말로 표현 못할 감사가 흐르게 된다. 나아가 현실의 삶 속에서 하나님께 쓰임 받는 사람이 된다.

역자 후기

예수 십자가 복음으로 인한
하나님의 깊은 사랑!

　이미 2년 전에 번역해 두었던 「오스왈드 챔버스 하나님의 사랑」을 다듬는 과정에서 역자는 오스왈드 챔버스의 가장 중요한 신학이 바로 이 책에 담겨 있다는 사실을 깨닫게 되었다. 챔버스의 깊은 가슴 속에는 언제나 주 예수 그리스도의 십자가 복음으로 인한 하나님의 깊은 사랑이 차고 넘친다. 하나님의 사랑에 대한 그의 깨달음은 그의 모든 글의 저변에 항상 깔려 있다. 그중 하나님의 사랑에 대한 깨달음을 집중적으로 요약해 놓은 것이 바로 이 책이다.

　죄 많은 역자에게도 가장 큰 복음은 바로 "하나님은 사랑이시라"는 진리이다. 물론 그 사랑의 절정은 십자가의 보혈이다. 그럼에도 복음의 뿌리는 언제나 하나님의 사랑임이 확실하다. 이 땅에 오신 주 예수 그리스도는 하나님 사랑의 최고봉이라고 할 수 있겠다.

챔버스는 "하나님은 사랑이시라"고 외친다. 즉, 이 우주의 사랑의 뿌리는 하나님이시다. 보이는 세계와 보이지 않는 세계의 모든 사랑의 뿌리에는 하나님이 계시다. 챔버스는 참된 생명은 하나님의 생명으로서 그 생명은 사랑을 나타낸다고 말한다. 그 사랑은 어쩔 수 없이 자연스럽게 터져 나오는 속성을 가지고 있다고 한다. 그러므로 그리스도의 생명을 가진 자들은 삶 속에서 사랑이 터져 나온다.

사랑이 터져 나올 때의 삶의 모습들이 이 책에 잘 묘사되어 있다. 죄가 들어온 이 세상에서의 인간의 삶에는 고난과 역경이 필수적으로 있을 수밖에 없다. 그러나 그러한 고난과 어려움 가운데서도 생명과 사랑은 저절로 터져 생수의 강이 되어 흐른다. 이러한 생수의 강이 흐르도록 돕는 분이 바로 성령이시다.

챔버스의 가장 깊은 심정에서 터져 나오는 가장 중요한 외침을 본다. 개인적으로 내가 번역한 책 중 이 책을 내용면에서 최고의 자리에 두고 싶다. 어쩌면 주제면에서는 이 책을 「주님은 나의 최고봉」보다 더 높은 곳에 두고 싶다. 그 이유는 역자 역시 "하나님은 사랑이시라"는 가장 아름다운 복음을 외치고 싶기 때문이다.

"하나님은 사랑이시라." 지금도 챔버스의 사랑의 노래가 귀를 울린다. "주의 사랑으로 인해 아름다워지고 연단된 행복한 삶을 통해 이 진리를 선포하라. 따로 구별된 시간에 가장 평강한 기쁨의 순간을 누리며 하나님의 사랑을 노래하라. 당신 주변에 있는 모든 사람들이 '소망을 가지고 더 이상 두려워하지 않을 때까지' 이 진리를 노래하라. 하나님은 사랑이시라."

―스데반 황

오스왈드 챔버스 시리즈 20

오스왈드 챔버스 하나님의 사랑

1판 1쇄	2011년 10월 25일
1판 2쇄	2013년 9월 5일
2판 2쇄	2021년 1월 25일

지은이	오스왈드 챔버스
옮긴이	스데반 황
발행인	조애신
책임편집	이소연
디자인	임은미
마케팅	전필영, 고태석
경영지원	김정희, 전두표

발행처	도서출판 토기장이
주소	서울시 마포구 망원로 26 토기장이 B/D 3F
출판등록	1998년 5월 29일 제1998-000070호
전화	(02) 3143-0400
팩스	(02) 3143-0646
이메일	tletter@hanmail.net
페이스북	www.facebook.com/togijangibook
인스타그램	@book.library.togi

ISBN	978-89-7782-374-7

- 이 책은 저작권 법에 따라 보호를 받는 저작물이므로 무단 전재와 무단 복제를 금합니다.
- 이 책의 전부 또는 일부를 이용하려면 반드시 저자와 도서출판 토기장이의 동의를 받아야 합니다.
- 이 도서의 국립중앙도서관 출판예정도서목록(CIP)은 서지정보유통지원시스템 홈페이지 (http://seoji.nl.go.kr)와 국가자료공동목록시스템(http://www.nl.go.kr/kolisnet)에서 이용하실 수 있습니다.(CIP제어번호: CIP2017001759)

도서출판 토기장이는 생명 있는 책만 만듭니다.
"우리는 진흙이요 주는 토기장이시니 우리는 다 주의 손으로 지으신 것이니이다" (이사야 64:8)